귀명창과
사라진 소리꾼

신재효와 진채선의 판소리 이야기

귀명창과
사라진 소리꾼

한정영 글 = 이희은 그림
전국초등사회교과모임 감수
서울대 뿌리깊은 역사나무 추천

토토북

차례

뜻밖의 손님 6

스승을 찾아서 18

귀명창 29

들쭉나무를 심은 뜻은 42

뜻을 알고 하는 소리와 모르고 하는 소리 57

여자 소리 광대 71

혼자 서는 길 89

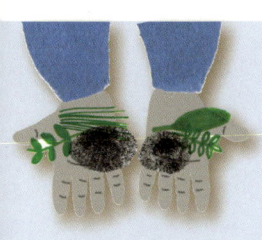

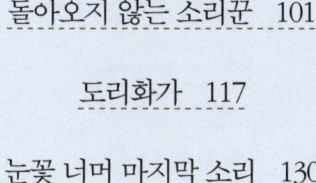

돌아오지 않는 소리꾼 101

도리화가 117

눈꽃 너머 마지막 소리 130

깊이 보는 역사 - 판소리 이야기 147

작가의 말 156

참고한 책 158

뜻밖의 손님

아이고 이놈의 제비야!
흰 구름 박차고, 검은 구름 걷어 내고
네 어디로 간단 말이냐!
그 집엔 가지 마라, 절대로 가지 마라
좋은 내 집 찾아들어 보물 박씨 물어 와라!
어서 내가 천하 부자 되어 보자야!

갓 스물을 넘긴 듯한 소리 광대의 목청이 안마당 뜰을 한바탕 휘저었다. 바짝 마른 몸과 오종종한 얼굴에 어울리지 않는 굵은 목소리였다. 거기에 더하여 한 소절마다 익살스럽게 지어 대는 표정이 감칠맛을 더했다. 사이사이 끼어드는 고수의 북장단과도 잘 어우러졌다.

안마당에 가득 들어찬 사람들도 흥에 겨운지 연신 어깨를 들썩였다.

 어떤 이는 제 무릎을 치며 장단을 맞추었고 또 어떤 이는 추임새에 맞추어 고개를 까닥거렸다. 예닐곱 살 먹은 조무래기들까지도 '이놈의 제비야!' 할 때는 흰 이를 드러내며 까르르 웃어 젖혔다. 그 모습을 보며 신재효는 뿌듯한 마음에 자신도 모르게 미소를 지었다.
 "소리가 싱싱하고 때 묻지 않은 날것 같소. 그러면서도 광대의 끼가 다분하니 한두 해 수련하면 명창이 될 만하오. 어떠하오?"
 행랑 마루 끝에 앉아 있던 신재효는 옆에 앉은 김세종 쪽으로 몸을 기울이며 말했다.

"선생님께서 보신 그대로입니다."

이미 오래전부터 팔도 명창이라 불린 그에게도 젊은 광대의 목소리는 예사롭지 않게 들린 모양이었다. 각이 진 얼굴 때문에 늘 무뚝뚝하게만 보이는 그가 웃음을 머금고 있는 걸 보면 틀림없었다.

"그렇다면 저 소리 광대를 동리정사에 머물게 하십시다. 방을 내주고, 여러 명창들에게 일러 소리를 다듬도록 도와주시오."

그리고 신재효는 일어났다. 닷새나 고뿔에 시달려 여간 피곤한 게 아니었다. 이레 전, 대한*은 무사히 넘겼는데, 그 이튿날부터 몰아친 찬 바람을 무시하고 바깥일을 보러 다닌 게 잘못이었다. 소리를 듣느라 잠시 잊고 있었던 두통이 다시 찾아왔다. 일찍 잠자리에 들고 싶은 마음이 간절했다.

신재효는 잠시 행랑 마루 끝에 서서 자리를 털고 대문 밖으로 나가는 사람들의 뒷모습을 지켜보다가 고개를 들었다.

곧 눈이라도 한바탕 쏟아질 모양인지 하늘빛이 검었다. 신시**를 갓 넘겼는데 사방은 벌써 어둑했다. 그래도 엊그제보다는 한결 따뜻해 안마당에 사람들이 그득했던 거였다.

신재효는 마당 아래로 내려섰다. 그때, 김세종이 따라붙으며 귓속말 하듯 낮은 소리로 말했다.

"선생님, 소리를 해 보겠다고 찾아온 자가 하나 더 있습니다."

---

* 한 해의 가장 추운 때.

** 오후 3시~5시까지.

"그래요? 그럼, 어서 뜰로 나오라 이르세요."

하지만 무슨 일인지 김세종은 주위에 있던 사람들을 힐끗거리며 뜸을 들였다. 그러더니 신재효를 사랑채 모퉁이까지 끌고 갔다.

"사랑채에 들어가 계시면 데려오겠습니다."

"무슨 말이오? 예서 소리만 들으면 됐지, 사랑채로 데려오겠다니? 누군데 그러시오?"

신재효는 고개를 갸웃거렸다. 김세종이 다른 사람들의 눈치를 보는 일은 좀처럼 없던 일이었다.

동리정사는 소리 광대가 되려는 자라면 누구든 와서 머무를 수 있는 곳이었다. 처음 신재효가 동리정사를 지을 때부터의 원칙이 그러했다. 김세종도 수년 전 소리를 한다며 무작정 동리정사를 찾아왔었고, 그것이 인연이 되어 지금까지 신재효 곁에 남아 소리 광대가 되려는 사람들의 목소리를 다듬고 있는 것 아닌가. 다만 동리정사에 머물고 싶은 사람이라면 누구든 여러 사람들 앞에서 소리를 해야 했다. 그것은 신출내기 소리 광대가 어떤 가르침을 받아야 하는지를 알아내고, 그에 맞는 소리 선생을 붙여 주기 위함이었다.

그런데 소리 광대를 은밀히 사랑채로 데려오겠다니?

"소리 광대가 무슨 대갓집 자제라도 되오? 설사 그렇더라도 동리정사는 누구에게나 평등한 곳이 아니오?"

"그래서 따로 데려오려는 것입니다."

"허허! 그것 참 모를 소리만 하는구료."

김세종의 알 수 없는 말에 신재효는 혀를 찼다. 흰소리 한번 한 적 없는 김세종이 그렇게까지 나온다면 별수 없었다. 무슨 사연이 있겠다, 싶은 생각도 들었다. 하는 수 없이 신재효는 먼저 사랑채로 들어갔다.

신재효는 앉은 채로 눈을 감았다. 늘 그랬던 것처럼 등불은 켜지 않았다. 특히 생각을 정리할 때나, 지금처럼 쉬어야 할 때는.
앉자마자 바깥 행랑 쪽에서 소리가 들렸다. 아니, 일부러 귀를 기울였다. 꼬박 닷새나 고뿔을 앓고 난 뒤라 쉬이 피로해지는 몸을 홀로 노랫가락으로 달래고 싶었는지도 모를 일이었다. 그에게 소리는 언제나 힘이 되고, 치료가 되는 명약이나 다름없었으니까.

……어허둥둥 내 사랑이야, 사랑이로고나, 내 사랑이로다하!

조금 빠르게 중중모리로 넘어가는 소리는 흥겹고 경쾌했다.
'이도령이 춘향과 노니는 장면을 노래하고 있구나. 그런데 가만! 이 목소리의 주인은 작년 겨울, 다 헤진 갖저고리*에, 발가락 삐죽 나온 겹버선**을 질질 끌고 찾아온 임 총각? 옳거니, 내가 못 본 사이에 목소리가 한결 깊어졌구나. 처음 동리정사를 찾아왔을 때는 가볍디가볍기만 해서 걱정이 많았는데, 이젠 한결 무게감이 느껴지고 있어. 밤낮을 안 가리고

---

* 짐승의 털가죽을 안에 댄 저고리.
** 솜을 대지 않고 겹으로 만든 버선.

연습하더니, 잘되었어. 암! 잘되었지. 아, 그리고 이건?'

〈춘향가〉가 잦아들 즈음 이번에는 또 다른 목소리의 〈수궁가〉 한 자락이 들려왔다. 그 소리를 가만히 듣고 있자니, 하루의 피로가 가만히 녹아내리는 것 같았다.

하지만 잠깐이었다. 조금 더 귀를 기울일까, 했는데 바깥에서 인기척이 들렸다. 신재효는 눈을 뜨고 호롱불을 켰다.

잠시 후, 사랑채 문이 열렸다. 김세종이 막 한 발을 사랑채 안으로 들여놓고 있었다.

그런데 그 뒤를 따라 사랑채의 문지방을 넘은 건 눈처럼 흰 여인네의 외씨버선 한쪽이었다. 깜짝 놀라 고개를 들었다. 뜻밖에도 열여섯은 족히 되어 보이는 여자아이가 고개를 숙인 채 방으로 들어섰다. 이어 문을 닫느라 잠시 몸을 돌렸는데, 초록빛의 도투락댕기*가 등 뒤에서 너풀거렸다.

신재효는 어리둥절해서 멍하니 쳐다보기만 했다. 잘못 본 듯해서 눈을 씻고 다시 보았다. 그 틈에 얼굴이 발그레 달아오른 여자아이가 다소곳하게 허리를 숙여 인사를 했다.

신재효는 정신이 번쩍 들었다.

"김 명창, 이게 무슨 일이오?"

"선생님, 저도 여러 차례 말렸지만 워낙 간곡하게 부탁을 하는지라 거두지 않을 수가 없었습니다."

---

* 어린 여자아이가 드리는 자줏빛 댕기.

"그럼 소리를 하겠다는 자가 바로 이 아이란 말이오?"

"그렇습니다."

"김 명창, 지금 무슨 일을 벌인 것이오? 여자아이가 소리를 한다니?"

어이가 없었다. 여자 소리 광대라니? 아직 조선 팔도에 그런 이야기를 들어 본 적이 없었다. 신재효는 김세종이 무슨 마음을 먹고 여자아이를 데려온 것인지 의뭉스럽기만 했다.

하지만 김세종은 고집을 부렸다.

"멀리서 선생님만 바라보고 온 아이입니다. 어차피 여기까지 왔는데, 소리나 한번 들어 보시지요."

"그만하세요. 여기가 무슨 기방도 아니고…….."

신재효는 손을 내저으며 매몰차게 말했다. 아예 고개를 돌리고 몸을 틀어 앉았다. 여자가 소리 광대라니! 남들의 웃음거리가 될지도 모른다는 생각이 퍼뜩 스쳤다. 아니, 말 많은 양반들 귀에 들어가면 또 무슨 난리를 칠 것인가? 동리정사에 소리꾼들이 몰려들자, 온갖 비렁뱅이까지 다 모아들인다는 것이 사실이냐며 호통을 치던 사람들까지 있지 않았던가? 그런 양반들이 여자가 소리를 한다는 걸 알면 여기저기서 거북한 소리를 할 게 뻔했다.

"김 명창, 나 좀 쉬고 싶소."

신재효는 꼿꼿하게 서 있는 아이를 힐끔 올려다보고는 김세종을 향해 말했다.

"아, 알겠습니다."

머뭇거리던 김세종이 아이의 한쪽 팔을 잡아끌었다.

잠시 후, 바깥에서 김세종과 아이가 무슨 이야기를 나누는 듯하다가 곧 멈추었다. 사방은 다시 조용해졌다. 신재효는 눈을 감았다. 행랑아범이 군불을 많이 지폈는지 아랫목이 따끈했다. 반나절 동안 밖에서 얼었던 몸이 금세 노곤해졌다. 잠이 막 쏟아졌다.

신재효는 양손으로 마른세수를 하고 앉은뱅이책상을 끌어당겼다. 그때, 어젯밤에 적어 놓은 단가 한 구절이 눈에 띄었다.

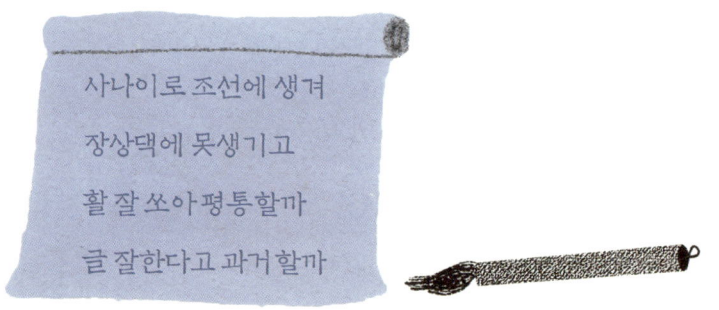

방금 전까지 고뿔마저 잊게 한 소리 광대들의 흥겨움이 한순간에 사라졌다.

무슨 노랫말인가를 만들려다가 그리 적어 놓았을까? 아니, 그건 신재효가 무언가 마음먹고 적어 놓은 것이 아닌지도 몰랐다. 어쩌면 마음 깊은 곳에 여전히 도사리고 있는 노여움 때문이리라. 양반이 아니면 아무것도 할 수 없는 세상에 대한 노여움. 태어나서 단 한 번도 가라앉힐 수 없었던 그 노여움 때문에 신재효는 이따금 주먹을 불끈 쥐기도 했고, 어금니를 꽉 깨물기도 했다. 간혹 그로 인해 멍든 가슴을 쓸어내리며 그렇게 글로 쓰곤 했다.

신재효는 한 구절을 더 써 볼까 하다가 그만두었다. 가슴이 답답해서 아무것도 할 수가 없었다. 결국 신재효는 소리를 빽 지르고 말았다.

"양반으로 태어나지 못한 것이 나의 죄요? 아니면 내 아비의 죄라도 되오?"

하지만 그렇게 소리를 질러 놓고 신재효는 제풀에 깜짝 놀랐다. 졸음결에 잠꼬대를 한 모양이었다. 어느새 책상에 엎어져 있었고, 손까지 내젓고 있었다. 찬 바람이라도 쐬어야 정신이 들 것 같았다.

신재효는 벌떡 일어나 사랑채의 문을 활짝 열어젖혔다.

언제부터 내리기 시작했는지 새까만 하늘에서 목화솜 같은 함박눈이 쏟아지고 있었다. 신재효는 숨을 깊게 들이쉬며 밤하늘 먼 곳을 바라보았다. 꽉 막혔던 가슴이 조금이나마 시원하게 트이는 듯했다.

그런데 이상했다. 소리는 나지 않았지만 사람의 인기척이 느껴졌다. 신재효는 고개를 갸웃거리다 옆을 돌아보았다.

"게 누구요?"

신재효는 깜짝 놀라고 말았다. 시커먼 사람의 형체가 사랑채 바깥 저편에 버티고 서 있었기 때문이었다.

신재효의 말에 시커먼 형체가 고개를 들었다. 그 바람에 신재효는 뒤로 한 걸음 물러났다. 방 안의 호롱불이 희미하게 새어 나와 그 얼굴을 비추었다.

　틀림없이 김세종과 함께 돌려보냈던 바로 그 여자아이였다. 아이는 흰 눈을 머리에 이고 파르르 떨고 있었다.

　"이, 이게 어찌 된 일이냐? 아까부터 여기에 서 있었던 것이냐?"

　하지만 얼어붙기라도 한 것인지, 아이는 원망이 가득한 눈으로 신재효만 빤히 쳐다보고 있었다.

　신재효는 사방을 돌아보며 외쳤다.

　"김 명창, 어디에 있소? 김 명창! 어서 이리 좀 와 보시오!"

스승을 찾아서

　방 안으로 들인 뒤에도 아이는 한참을 파르르 떨었다. 다행히 엊그제와 같은 찬 바람은 불지 않았지만, 눈을 맞으며 꽤 오랜 시간을 서 있었으니, 온몸이 얼음장일 거였다.
　그럼에도 아이는, 아랫목으로 오라는 말에 한사코 고개를 내저으며 방문 옆에 서 있기만 했다. 딴에는 숨을 고르는지 가끔 깊은숨을 들이쉬고 내쉬곤 했다. 신재효는 그런 아이를 보며 괘씸한 생각이 들었다.
　'어찌 나를 이렇게 무안하게 만든단 말인가?'
　일단 시간을 주기로 했다. 몸을 녹여야 말이라도 더 붙여 볼 것 아닌가. 이유는 알 수 없었지만, 그 시간이 참으로 길고도 지루했다.
　하는 수 없이 신재효는 행랑아범을 불러 화롯불을 가져오라 일렀다.
　아이는 화롯불이 들어오고 나서야 그 앞으로 다가와 앉았다.
　"도대체 무슨 생각으로 그러고 서 있었던 게냐?"

여자아이의 백짓장 같던 얼굴에 홍조가 돌기 시작할 무렵 신재효가 물었다. 그런데 아이는 마치 그런 질문을 기다리기라도 한 듯, 스스럼없이 되물었다.

"선생님, 무슨 까닭으로 여인네는 소리 광대가 될 수 없다 하시는지요?"

여전히 몸을 조금씩 떨고 있었지만, 목소리에는 흐트러짐이 없었다. 그 때문에 신재효는 잠시 할 말을 잃고 아이를 마주 보았다. 아이도 눈길을 피하려고 하지 않았다. 눈빛이 맑고 깨끗했다.

"지금 무어라 했느냐?"

"그것이 조선의 법도인 것입니까? 아니면, 아직 내로라할 여자 소리 광대가 없기 때문입니까?"

참으로 거침이 없었다. 어린 여자아이가 내뱉은 소리치고는 당돌했다. 무슨 결심을 그리 단단히 한 것인지, 아이는 말해 놓고는 숨을 씩씩 댔다.

잠시 동안 아이를 가만히 쳐다보았다. 도톰하고 반듯한 이마, 오뚝한 콧날과 선한 눈매는 꽤나 곱살해 보였다. 치마저고리가 비록 낡아 보이긴 했어도 단아하게 차려입은 것이 광대로 보이지는 않았다.

"다시 말해 보거라! 지금 무어라 했느냐?"

신재효는 눈을 부릅뜨고 방금 전과 똑같이 물었다. 그리하면 기세가 꺾일 줄 알았다. 하지만 아니었다.

"동리정사는 신분의 차별이나 편견이 없는 곳이라 들었습니다. 그런데 어찌하여 소리 한번 해 볼 기회조차 주지 않고 내치시려는 건지요?"
이번에도 다부진 말투였다.
"방금 네가 답을 냈지 않느냐? 조선에는 여자 소리 광대가 없느니라!"
"하오면 제가 처음으로 여자 소리 광대가 되겠습니다."
"무어라?"
갈수록 태산이었다. 신재효는 고개를 돌려 김세종을 쳐다보았다. 그러자 김세종이 기다렸다는 듯 입을 열었다.
"일단 소리라도 들어 보시지요."
"아니, 그전에 이 아이에게 묻고 싶은 게 있소. 대체 너는 무엇 때문에 소리를 배우려 하는 것이냐?"
신재효는 김세종의 말에 손을 내젓고, 아이에게 물었다.
"그것은 제 꿈이고, 그 꿈을 이루어야 살 수 있기 때문입니다."
"꿈이라?"
"혹 여자라서 꿈을 갖지 말란 말씀은 하지 마십시오. 저는 어릴 때부터 소리를 하는 아버지 밑에서 자랐고, 그런 연유로 진작부터 소리를 하고 싶었습니다."
"소리라면 어떤 소리를 말하는 것이냐?"

"아버지는 검당포에서 이름난 또랑광대였습니다."

"또랑광대라?"

"그렇습니다. 동네 잔칫집 드나들며 잡소리나 하는 게 고작이었지만, 아버지는 소리를 지극히 아끼는 분이셨습니다. 그래서 아버지를 부끄러워하지 않았습니다. 다만 스승이 없었을 뿐이었습니다."

"마땅한 스승을 만나지 못해서 네 아버지가 명창이 되지 못했다는 뜻이냐?"

"그렇습니다."

"허허! 그래서 이곳을 찾아온 것이다? 스승을 만나기 위해서?"

"그러하옵니다. 선생님께서는 소리를 하고 싶은 자는 누구나 받아 주신다고 하셨습니다. 저는 그리 들었습니다. 아버지도 일찍이 좋은 스승을 만났다면 훌륭한 소리 광대가 되었을 것입니다."

이번에는 대꾸하지 않았다. 신재효는 어찌 그것을 자신하느냐, 라고 물어보려다가 그만두었다. 하필이면 그때 아버지가 떠올라서였다.

아버지가 그러했다. 아들을 가르쳐 줄 스승을 찾는다고, 사방팔방을 돌아다녔다. 그럴 만한 이유가 있었다.

 고을 이방이었던 아버지는 그럭저럭 재산은 모을 수 있었다. 아니 남들도 부러워할 만큼 해마다 곳간을 곡식으로 가득 채웠다. 하지만 정작 아버지의 바람은 그게 아니었다. 아버지는 신재효를 번듯하게 가르치고 싶어 했다. 아들이 공부를 많이 해서 벼슬이라도 하길 바랐는지도 몰랐다. 고작 중인에, 고을 수령 뒤치다꺼리나 하는 자신의 처지를 자식에게 또 물려주어야 한다는 사실 또한 안타까웠으리라.
 "모름지기 배워야 세상을 올바르게 살아갈 수 있지 않겠느냐?"
 아버지는 기회가 있을 때마다 그런 말을 했다.
 어릴 때부터 책 읽기를 좋아했던 신재효도 그런 마음이었다. 많이 배워서 이롭게 쓰고 싶었다. 벼슬은 하지 않더라도 그저 즐거이 배울 수 있다면 그만이라고 생각했다.
 하지만 학식이 깊고 번듯한 선비를 데려다가 공부를 가르치려던 아버지의 바람은 쉽게 이루어지지 않았다. 그럴 만한 선비가 없는 것은 아니었으나, 신재효가 양반 자제가 아니라 꺼렸고 눈치를 보았기 때문이었다. 공부깨나 했다는 학자를 불러 따로 가르침을 받을 수도 없었다. 그래서 아버지는 사방을 수소문하고 다녔다. 선암사에 머문다는 고승을 찾아가기도 했고, 한번은 목포까지 가서 낙향한 선비를 만나기도 했다. 물론 그것마저도 성사되지 않았다.
 하는 수 없었는지 아버지는 서당이라도 보내야겠다며 건넛마을 훈장님 댁을 찾아갔다. 훗날 알았지만, 아버지는 아들을 공부시키기 위해 쌀

서너 가마니를 훈장님 댁 뒷마당에 슬며시 쌓아 놓았던 것이다.
　그럼에도 불구하고 신재효는 훈장님 댁의 대청마루 구석에 앉아 양반 자제들의 눈치를 보아야 했다. 물론 그것도 오래가지는 못했다.
　여드레째 되는 날, 훈장님이 물었다.
　"공자님께서 하신 말씀 중에, '불환인지불기지, 환불지인야(不患人知不

己知 患不知人也)'라는 말이 있다. 무슨 뜻이냐?"

서당의 아이들은 아무도 대답하지 못했다. 이때, 신재효가 나섰다.

"남이 자신을 알아주지 못할까 걱정하지 말고, 내가 남을 제대로 알지 못함을 걱정해야 한다는 뜻입니다."

그런데 훈장님은 칭찬 한마디 하지 않았다. 꼭 기대한 건 아니었지만, 무심하게 내려다볼 뿐이었다. 아니, 가만 보니 '누가 너한테 묻기라도 했단 말이냐?' 하는 표정이었다.

하지만 더 어이없는 일은 그 뒤에 일어났다. 훈장님이 잠시 자리를 비운 사이, 양반집 아이들이 신재효를 에워싸더니, 그중 하나가 험하게 쏘아붙였다.

"감히 어디서 함부로 주둥이를 놀리는 것이냐?"

"네놈이 멍석말이라도 당해 봐야 정신 차릴 테냐?"

그 말에 무어라 변명할 사이도 없이, 누군가 뒤에서 거칠게 떠밀었고 신재효는 코를 박고 넘어졌다. 이어 무수한 발길질이 쏟아졌다. 얼굴은 물론이고, 옆구리와 배, 가슴까지 숨이 막힐 정도로 짓밟혔다.

"공부하다가 말고 무슨 짓들이냐?"

훈장님의 호통 소리가 들리고 나서야 발길질이 멈추었다. 아이들은 물러났고, 신재효는 가까스로 몸을 일으켰다. 그런데 아이들을 나무랄 줄 알았던 훈장님은 오히려 신재효를 꾸짖었다.

"네 아비의 부탁으로 할 수 없이 미천한 네게 글을 배우게 했으면, 너도 분수를 알아야 할 것 아니냐? 어디서 함부로 싸움질이냐? 또 이런 일이 있을 때는 용서치 않을 테니 그리 알거라!"

어이가 없었다. 억울했고, 기가 막혀 이러지도 저러지도 못했다.

신재효는 그 길로 서당을 뛰쳐나왔다. 주먹을 꼭 쥐고, 두 번 다시는 서당에 발걸음을 하지 않으리라 다짐했다.

그 생각이 날 때마다 신재효는 가슴이 아팠다.

'도대체 신분이란 게 뭔데, 배우고 싶어도 배울 수가 없단 말인가? 나를 가르칠 스승은 진정 어디에도 없단 말인가?'

다시 그 생각이 생생하여 신재효는 어금니를 꽉 물었다. 그리고 아이를 쳐다보았다.

'아! 그렇다면 이 아이도 그 마음과 흡사하지 않겠는가?'

신재효는 저도 모르게 고개를 끄덕이고 말았다. 그런데 그걸 무슨 뜻으로 받아들인 것인지, 김세종이 문득 입을 열었다.

"선생님, 소리라도 한번……."

신재효는 더 이상 손을 내저을 수가 없었다. 아무 대답도 하지 않고, 헛기침만 두어 번 했다.

그러자 김세종이 아이를 향해 고개를 끄덕였다.

아이는 곧 두어 걸음 뒤로 물러나더니 자세를 고쳐 잡았다. 침을 삼키고, 마침내 입을 열었다.

한 녀석이 나오면서

"에고 어머니, 우리 열구자탕에 국수나 말아 먹었으면!"

또 한 녀석이 나앉으며 하는 말이,

"에고 어머니, 우리 벙거지전골이나 해 먹었으면!"

그러자 또 한 녀석이 또 거들며,

"에고 어머니, 다 관두고 개장국에 흰밥이나 조금 말아 먹었으면!"

이에 또 한 녀석이 연이어 투덜대며,

"에고 어머니, 대추찰떡이나 먹어 보았으면!"

이러니 흥부 어미가 나서는데,

"에고 이 녀석들아. 호박국도 못 얻어먹는데 보채기는 왜 이리 보채느냐!"

그쯤에서 신재효는 손을 내저었다.

"됐다. 그만하거라!"

아이가 소리를 멈추고, 신재효를 쳐다보았다. 당혹스러워하는 눈치였다. 김세종도 의외라는 듯 신재효의 눈치만 살폈다. 신재효는 낮으나, 분명하게 한 번 더 말했다.

"잘 들었으니, 이제 돌아가거라!"

하지만 아이는 꼼짝도 하지 않았다. 고개를 숙인 채 무어라 대꾸도 하지 않았다.

"내 말 듣지 못했느냐?"

"선생님, 무엇이 잘못되었는지 알려 주십시오. 그전에는 돌아갈 수 없습니다."

신재효가 소리를 높이자, 아이는 오히려 또박또박 되받아쳤다. 역시 보통내기는 아니었다.

"너는 소리를 한 게 아니다. 소리를 흉내 냈을 뿐이야. 그런 소리는 또랑광대도 하지 않아. 아직 목이 트이지 않았단 말이다. 그렇게 밋밋한 소리를 낼 거라면……. 흠, 기생이라면 모를까?"

목소리에 힘을 주어 말했기 때문일까, 아니면 기생이라는 말 때문일까? 아이의 얼굴이 순식간에 희어졌다.

귀명창

　

"하오면 제가 처음으로 여자 소리 광대가 되겠습니다."

며칠 동안 고뿔이 다시 심해져 이틀이나 더 앓아누웠다. 열이 높아 정신이 아득할 때에도 그 목소리가 연신 머릿속에서 맴돌았다. 더하여 아이가 쏟아 놓은 〈흥부가〉 몇 소절이 쟁쟁거려 이게 무슨 일인가, 싶었다.

물론 소리랄 것도 없었다. 발성부터가 잘못되어 있었다. 기생들이나 하는 소리라 한 건 농담이 아니었다. 듣기가 볼썽사나웠다. 다만 아이의 목소리는 힘이 있었다. 딴에는 오장육부에서 우러나는 소리라 자신도 모르게 '잘 훈련시키면 좋은 소리를 내겠구나!' 하는 생각도 했다. 하지만 아까워도 어쩔 수 없었다.

"무슨 생각을 그리 골똘히 하십니까?"

김세종이었다. 사랑채 툇마루에서 해바라기를 하고 있는 신재효 옆에

다가온 그가 조심스레 물었다.

"아, 아니오. 그냥, 뭐……."

속마음을 들킨 것처럼 얼굴이 뜨거워졌다.

"오늘은 얼굴빛이 한결 나아 보이십니다."

"그러하오? 오늘부터는 소리 좀 들어야겠소. 소리가 많이 나아졌는지 궁금한 광대들이 몇 있소."

"하오면 목포에서 온 김 총각 소리를 들어 보시겠습니까? 선생님께서 좀 들어주셔야 할 듯합니다."

"왜 잘못된 것이라도 있소? 달포 전에 들었을 때는 심하던 콧소리도 많이 사라진 듯한데."

"맞습니다. 제가 듣기에도 틀림없이 좋아졌습니다. 한데 무언가 미흡한 데가 있는데 그걸 잘 모르겠습니다."

"그 정도라면 내가 아니어도 되지 않소?"

"아닙니다. 선생님께서 들어 보셔야 확신할 수 있을 듯합니다."

빈말이 아니었다. 신재효는 소리를 하지는 않았지만, 모두 그를 '귀명창'이라 불렀다. 듣는 데는 귀신이었다. 그건 타고나기도 했지만, 수십 년 동안 소리를 들어온 덕분이었다. 그래서 이름난 명창들도 그를 '귀명창'이라 불렀다. 소리꾼들이 그를 존경하는 것은 동리정사를 짓고 그들을 받아 주었기 때문만은 아니었던 것이다.

신재효가 소리에 귀가 틔게 된 것은, 이방 노릇을 하면서부터였다. 아버지로부터 물려받은 이방이란 자리는 늘 어수선하고 피곤한 일투성이였다. 고을 수령의 온갖 잔심부름에서부터 관아의 자잘한 허드렛일을 처리해야 하는 자리였다.

관아에는 행사도 잦았고 잔치도 한 달에 한두 번은 벌어졌다. 그때마다 고을 사또는 신재효를 불러 말했다.

"아무래도 흥을 돋우려면 광대가 나서서 한 소리쯤 해야지 않겠나?"

그게 신재효가 책임지고 해야 할 일 중의 하나였다. 그러므로 소리꾼도 많이 알고 있어야 했고, 그런 덕분에 누가 어떤 소리를 잘하는지 정도는 꿰뚫었다. 소리를 헤아릴 수 없이 많이 들은 건 물론이었다.

그 덕분에 신재효는 이때부터 명창 소리를 듣던 주덕기와 이날치 같은 사람을 만날 수 있었다. 김세종도 그 무렵에 처음 얼굴을 익혔고, 그들을 통해 또 다른 소리 광대들도 만났다.

신재효는 동리정사를 짓기 전부터 이런 소리 광대들을 집까지 불러들여 먹이고 재웠다. 훗날 자신이 도움 받을 일이 있을지도 모른다는 생각에서였다.

아니, 그 이유 때문만은 아니었다. 소리 그 자체가 좋았다. 그들이 목청껏 뽑아내는 소리에 담긴 이야기들이 얼마나 가슴을 두근대게 했던지…….

처음에는 〈수궁가〉니, 〈흥보가〉니, 〈적벽가〉니 하는 것들이 전해지는 옛이야기와 무엇이 다를까 생각했었다. 어린 시절 언문책으로도 읽은 적이 있어 그다지 흥미롭지 않았다. 하지만 광대의 소리로 들어 보니 새

로운 이야기로 들렸다.

〈수궁가〉에 나오는 용왕은 저 혼자 잘 먹고 잘살기 위해 백성들은 나 몰라라 하는 벼슬아치를 닮아 있었다. 오로지 제 몸만 생각하느라 멀쩡한 토끼의 간을 빼내겠다는 못된 마음은 흔한 양반들과 조금도 다르지 않았다. 〈춘향가〉는 그저 이 도령과 춘향이의 아름다운 사랑 이야기인 줄로만 알았는데, 미천하게 태어났다는 죄로 고통을 당하는 춘향이의 모습이 예사롭지 않게 보였다. 찬찬히 되새김질해 보니, 신재효 그도 양반 자손이 아니라는 이유 때문에 서당에서 뭇매를 맞고, 과거를 볼 기회마저 없지 않았던가?

물론 소리가 그토록 달리 들린 데에는 광대들 덕분이긴 했다. 이야기를 그때의 상황에 맞게 조금씩 고치기도 했고, 양반에 대한 이야기를 할 때는 괴팍하게, 혹은 나쁜 사람들에 빗대어 말하기도 했다. 그 덕분에 훨씬 재미났고, 귀에도 쏙쏙 들어왔다. 신재효는 그래서 더 흥미를 가졌고, 꼭 특별한 행사가 열리는 때가 아니더라도 명창들을 초청해 소리를 들었다.

그러다 보니 자연스럽게 좋은 소리와 나쁜 소리를 구분할 줄 알게 되었다. 뿐만 아니라 나중에는 두서너 마디만 듣고도 그 소리꾼이 뛰어난 경지에 이른 진짜 소리꾼인지, 그냥 얼치기인지도 가려낼 수 있었다.

"그럼, 가 봅시다."

신재효는 김세종을 앞세우고 일어났다. 그의 뒷모습을 보고 있으니 마음이 든든했다. 그 역시 명창 소리를 듣는 소리 광대였다. 동리정사에 머무르며 소리나 하고, 또 그게 싫증 나면 훌쩍 떠나면 그만이었다. 소리 광대들은 다 그랬다. 하지만 김세종은 신재효 곁을 떠나지 않고 그의 일을 돕고 응원해 주었다. 이제 그는 동리정사의 훌륭한 스승이자, 신재효의 가장 친한 벗이었다. 그 생각을 하니 피붙이처럼 살가웠다.

그런데 채 몇 걸음 내딛지 않아서 아래채 쪽에서 웅성대는 소리가 들렸다. 고개를 갸웃거리는데, 행랑아범이 달려왔다.

"어르신, 밖에 나가 보셔야겠습니다."

"무슨 일인가?"

신재효는 아래채 쪽으로 서둘러 걸음을 옮겼다. 시끌벅적한 소리가 들쭉나무 길을 채 지나지도 않아 들려오기 시작했다.

"나리! 살려 주십시오."

"사흘을 못 먹었습니다! 찬밥이라도 내주십시오, 나리!"

문을 열자 한 무리의 사람들이 웅성대고 있었다. 누가 먼저랄 것도 없이 저마다 아우성을 쳤다. 노인도 있었고, 젊은이도 있었고, 아이도 있었다. 하나같이 찢어지고 더러운 옷차림에 사나흘은 굶은 듯 핼쑥한 얼굴들이었다. 한 아낙의 등에 업힌 아이는 귀청이 떨어져 나가도록 울어 대는데, 한눈에 보아도 배가 고파 우는 게 틀림없었다.

"대체 무슨 일이시오?"

"저 아래 영광 와룡 마을 사람들이라 합니다. 그쪽이 지난여름에 아

주 흉작이었습죠."

대답은 행랑아범이 했다. 묻고 따지고 할 게 없었다. 남도 대부분의 지역이 몇 해 동안 흉작이었다는 건 신재효도 알고 있었으니까.

"저런! 어서 먹을 것부터 차려 주지 않고 뭘 하고 있는 게야?"

그런데 그때, 행랑아범이 슬쩍 귀에 대고 속삭였다.

"그냥 돌려보내심이 어떠할는지요?"

"무슨 말인가? 지금 저들의 허기진 모습이 보이지 않는가?"

"그게 아니옵고, 일전에 오해를 샀던 일도 있고 하여 걱정이 돼서 그럽니다."

행랑아범이 우물쭈물했다. 무슨 말인지 알 것 같았다.

재작년의 일이었다. 그때도 열댓 명의 무리가 들이닥쳐 먹을 것을 달라 했었다. 그중 절반은 아낙에 아이도 셋이나 있어 가여운 생각에 찬밥 좀 내주고, 쌀 너댓 되씩 퍼 주라 했었다. 그런데 이튿날 관아에서 포졸들이 들이닥쳐 동리정사를 구석구석 뒤지고는 다짜고짜 신재효를 끌고 갔다. 그러더니 대뜸 진주 민란 때 도망쳐 떠돌며 사는 무리를 왜 도와주었냐고, 혹시 숨겨 준 것은 아니냐고 몰아붙였다. 그때 신재효는 고을 수령에게 '얼마나 배가 고팠으면 그 먼 진주에서 예까지 왔겠소?'라고 대꾸했다가 나흘이나 관아에 붙잡혀 옥살이 아닌 옥살이를 해야 했다.

그때 수령은 '두 번 다시 그런 자들에게 먹을 것을 내주었다가는 뼈도 못 추릴 것이오!' 하면서 협박을 하고는 돌려보냈었다.

하지만 신재효는 곧 고개를 저었다.

"상관없네. 난 못 들은 걸로 할 테니 충분히 먹을 만큼 내주시게나."

"하지만 나리, 그러다가 또 욕보실 수도 있습니다."

"무슨 말인가? 민란이 어디 백성들 때문이던가? 그게 모두 백성들의 고혈을 짜내는 탐관오리들 때문이 아니던가? 저희들이 돕지는 못할망정!"

자신도 모르게 신재효는 목소리를 높였다. 그러자 행랑아범이 움찔 놀라 뒤로 물러섰다.

신재효는 사람들 앞으로 나서며 말했다.

"너무 염려치 마시오. 먹을 것을 드리겠소. 그러나 그냥은 드릴 수가 없소. 반드시 대가를 치러야 하오."

"대가라 하시오면? 보시다시피 저희들은 가진 게 아무것도 없는 사람들입니다."

　무리들 중 앞에 섰던 노인이 걱정스럽게 물었다. 하지만 신재효는 씩 웃고는 대답했다.

　"대가라고 해서 뭐 대단한 것을 바라는 것은 아니오. 길거리 돌멩이 하나, 풀 한 포기라도 좋소."

　"저, 정말 그렇게만 하면 먹을 것을 내주신단 말씀이십니까?"

　"물론이오!"

　"그럼, 이런 돌멩이 하나라도 괜찮단 말입니까?"

총각 하나가 발아래 놓였던 돌 하나를 들어 보이며 말했다. 신재효는 고개를 끄덕였다.

"아무렴요! 그런 하찮은 물건이라도 많이 모이면 훗날 크게 쓸 일이 있을 것입니다."

그러자 사람들의 어두웠던 얼굴빛이 금세 환해졌다.

사람들은 곧바로 흩어졌다. 어떤 아이는 황급히 제 옷을 풀어 길가의 돌을 주워 담았고, 또 어떤 이는 길 건너 저편 언덕으로 달려가 마른 나뭇가지를 줍기 시작했다. 신재효는 그 모습을 쳐다보다가 행랑아범에게 말했다.

"행랑어멈에게 말해서 밥을 넉넉히 짓도록 이르게."

행랑아범은 고개를 끄덕여 보이고는 뛰어갔다.

"자, 우리는 아래채 소리꾼 방으로 가 봅시다."

신재효는 먼저 한걸음 내딛었다. 그러자 김세종이 뒤를 따랐다.

소리꾼 방은 소리 광대들이 마음껏 아무 때나 연습할 수 있도록 따로 만든 방이었다. 짚을 많이 섞은 흙벽돌을 두 겹으로 하여 벽을 쌓고, 지붕을 낮게 올렸다. 창을 없애고 문도 좁게 만들었는데, 그래야만 바깥의 소리가 덜 들려 집중하는 데도 도움이 될 것 같아서였다.

소리꾼 방에 가까이 이르자 여러 소리꾼의 소리가 한꺼번에 들려왔다. 그 틈에 김 총각의 목소리가 유독 두드러졌다.

이때, 토끼가 별주부에게 말하기를,

'그렇다면 내 배를 썩 갈라라. 똥밖에 들은 것이 없다. 어서 배를 갈라, 간이 있다면 좋거니와 만일 간이 없다면 임금의 병세가 위태로울 것이니, 별주부 네놈 역시 온전치 못하리로다. 너는 고사하고 네 집안이 아주 폭삭 망하겠구나!' 하니 별주부의 얼굴이 새파랗게 질리더라.

〈토별가〉였다. 내용을 들어 보니 용궁으로 붙잡혀 간 토끼가 간을 따로 두고 다닌다며 용왕과 별주부 앞에서 꾀를 부리는 대목이었다. 그 소리를 듣고 있자니 공연히 흐뭇한 미소가 지어졌다.

그런데 그때, 낯선 목소리가 끼어들었다.

놀부 심사를 볼작시면,
초상난 데 춤추기, 불붙는 데 부채질하기, 우는 아이 볼기치기, 갓난아이에게 똥 먹이기, 우물 밑에 똥 누기, 잔치 밥에 돌 퍼붓기, 호박에 말뚝박기.

신재효는 고개를 갸웃거렸다. 그래서 김세종에게 물었다.

"잠시만! 이 소리는 못 듣던 목소린데? 목이 트인 것도 같고, 하지만 그렇다고 배 속에서 위로 뽑아 올리는 소리(통성)도 아니고……. 가늘고 미약한 소리(세성)는 잘 내는데, 어찌 들으면 뻣뻣하게 멋없는 소리(군은목) 같기도 하고, 그렇다고 함부로 내지르는 소리는 아니고?"

적어도 동리정사에 든 소리 광대의 목소리라면, 신재효가 모를 리 없었다. 한 번 들어도 다 기억했다. 귀명창이 달리 귀명창이 아니었다. 그런데 순천에서 올라온 소리꾼 강 씨와 목포의 김 총각 목소리 사이를 자꾸 비집고 들어오는 낯선 목소리는 익히 듣던 소리 광대의 목소리가 아니었다.

아, 이 목소리는 며칠 전 들었던 그 아이의 목소리였다.

"이게 도대체 어찌된 일이오?"

신재효는 김세종을 향해 물었다.

"선생님, 다른 뜻은 없었습니다. 워낙 간곡히 부탁하길래, 며칠만 가르치고 돌려보내려 했습니다. 소리 배우는 값으로 밥 짓고 빨래까지 한다기에 하는 수 없이 그러라 한 것입니다. 너무 노여워 마시지요."

"허허! 이런 기이한 일이 있나? 나를 어찌 속일 수가 있소?"

"선생님, 그런 게 아니라……."

"듣고 싶지 않소. 어서 저 아이를 돌려보내시오."

"선생님, 어찌 저 아이만 유독 모른 체하십니까? 단지 여자아이라서 그런 것인지요?"

"그 이유 말고 또 다른 이유가 필요하단 게요?"

"정말 그 이유 때문이라면, 선생님답지 않으십니다."

"그게 무슨 말이오?"

"선생님께서 이 동리정사를 세운 뜻은 누구나 차별하지 않고 기회를 주겠다는 생각 때문이 아니셨습니까? 양반입네 하는 것들이 우리를 광대라고 업신여길 때 선생님은 소리꾼을 모아 오히려 귀하게 대해 주시고, 양반들이 되레 우리 소리를 듣기 위해 이곳까지 찾아오게 만들지 않았습니까?"

김세종의 목소리는 그리 높지 않았지만 빈틈이 없었다. 그러나 신재효는 더 이상 말을 않고 돌아섰다.

김세종은 신재효의 등 뒤에 대고 한마디 더 했다.

"선생님께서 저 아이를 내치시면, 저 아이는 두 번 버림받는 것입니다."

그 말에 신재효는 잠시 머뭇거렸다. 가슴속 깊은 곳에서 무언가 울컥 치솟는 기분이었다. 발걸음이 가벼울 리 없었다. 김세종의 목소리와 함께 아이의 소리가 자꾸만 뒷목을 잡아당겼다. 처음 들었던 목소리와 또 달랐던 것이다. 며칠 사이에 아이의 목소리가 꽤 매끄러워졌다는 생각이 들었다.

'설마 그 사이에?'

신재효는 고개를 갸웃거리며 사랑채로 올랐다.

들쭉나무를
심은 뜻은

　방 안은 어둑했지만, 창이 파르스름했다. 간밤의 사나운 꿈 때문에 일찍 눈이 떠졌지만, 잠을 더 청하고 싶지는 않았다. 신재효는 일어나 옷을 갖추어 입었다. 그리고 바깥으로 나왔.

　새벽 기온이 몹시 싸늘했다. 돌계단 틈새의 마른 풀잎에 흰 서리가 내려 있었다. 얼핏 고개를 들어 먼 산을 쳐다보니 날이 꽤 풀렸는데도 군데군데 눈이 녹지 않아 희끗희끗했다.

　신재효는 옷깃을 여미고 정자 쪽으로 발걸음을 옮겼다.

　동리정사의 가장 뒤쪽이자 가장 높은 곳에 지어진 정자에 서면 앞쪽으로는 사랑채와 아래채, 대문까지 휘둘러 볼 수 있고, 뒤쪽 야산에서는 솔향기를 가득 품은 바람이 불어왔다.

　"내 이 맛에 동리정사에 와 소리를 듣는 것이오!"

　소리를 들으러 동리정사에 오는 양반들은 하나같이 그런 소리를 했다.

신재효는 생각을 걷어 내고 돌담장을 따라 걸었다. 오래전부터의 버릇이었다. 담장을 따라 동리정사를 한 바퀴 돌면 산보도 되고, 집 안팎을 단속할 수도 있어서 달포에 한 번은 일삼아 걷기도 했다. 더구나 봄에는 담장 따라 심은 복사꽃이 흐드러져서 그 아름다운 광경에 넋을 놓곤 했다.

"어찌 이리도 이른 시간에 기침을 하셨습니까?"

그렇지 않아도 헛간 뒤편의 담장 아래서 누군가 꼼지락거려서 궁금했는데 먼저 달려와 꾸벅 인사를 했다. 그러나 신재효는 그가 낯이 익지 않았다.

"와룡 마을에 사는 덕술이라 하옵니다."

신재효가 고개를 갸웃거리자 사내가 먼저 입을 열었다. 몸이 탄탄하고 다부져 보였는데 한쪽 다리를 절고 있었다.

"와룡이라면? 아, 일전에 먹을 것이 없어 마을 사람들과 함께 찾아왔던?"

"맞습니다, 나리!"

"그런데 어찌 아직 안 가고?"

"먹을 것을 주셨는데, 어찌 그냥 가겠습니까? 제가 본시 집 짓고 다리 놓는 일을 배운 적이 있었는데, 담장 허물어진 곳이 많아 밥값이나 다하고 가려고 남았습니다."

"저런! 내 집 담장을 다 고치겠단 말이오? 그러지 않아도 되오. 다리도 성치 않은 듯한데?"

"아! 잘못 맞아 이리 되었지만 괜찮습니다. 어차피 갈 데도 없으니, 봄이 되기 전에 얼른 담장을 손봐 드리고 떠나겠습니다. 봄이 오면 소리를 들으러 오는 손님들이 많다고……."

덕술이란 사내는 제 일이 대견하다는 듯 묻지도 않은 말을 했다. 그런데 그 말 중에 사뭇 신경을 거스르는 데가 있었다. 그래서 말을 끊고 물었다.

"지금 무어라 했는가? 맞다니?"

"나리께 이런 말씀을 드려도 되는지 잘 모르겠사오나……."

덕술은 말을 꺼내다 말고 사방을 두리번거렸다. 물론 이렇게 이른 아침에 돌아다니는 사람이 있을 리 없었다.

안심한 듯 덕술이 말을 이었다.

"실은 애들 어미가 천주학쟁이였습지요."

"천주학쟁이라 하면?"

"네. 예수인지 뭔지 하는 서양 귀신을 믿는다며 따라다니다가 관헌이 붙잡으러 온다는 소문이 돌자, 애들을 데리고 도망쳤습니다요. 이 다리는 그때 관아에 끌려갔다가 모진 고문을 당하던 중에 뼈가 으스러져 이리되었습지요."

"저, 저런! 농사만 잘 지으면 되지 어쩌자고 천주학쟁이가 되었단 말인가?"

"나리, 아시지 않습니까? 저희들처럼 보잘것없는 농사꾼이 농사 잘 짓는 거 말고 무슨 욕심이 있겠습니까? 그런데 농사 잘 지어 놓으면 이런 세금 저런 세금 막 갖다 붙여서 거둬 가니 무슨 희망이란 게 있어야지요. 더구나 흉년이라도 들면 양반님네들은 우리 농사꾼을 돌아보기는커녕 더 눈에 불을 켜고 지푸라기까지 빼앗아 갑니다. 정말 나무뿌리조차 먹을 게 없답니다."

"저, 저런!"

"그런 차에 그 서양 귀신을 믿으면 양반이고 평민이고 다 똑같이 대해 준다 하니 솔깃해서 몇 번 따라다닌 모양입니다."

무슨 말인지 알 것 같았다. 신재효는 한숨부터 나왔다. 결국 진주에서 일어난 큰 민란도 그래서 일어난 것 아닌가?

아마도 그 뿌리는 오래도록 지속된 세도 정치 때문일 거였다. 궁궐에서는 벼슬아치란 자들이 제 패거리들만 감싸 돌고, 그 패거리들은 더 많은 재산을 긁어모으기 위해 지방 관리들에게 돈을 받고 벼슬을 판다지 않은가? 그러면 지방 벼슬아치들은 가만있겠는가? 벼슬하려고 제 재산을 축냈으니, 그것을 메우려고 세금이란 핑계를 대서 농민들한테 쥐어짜고…….

천주학에 대해서도 간혹 듣긴 했다. 천주학쟁이들은 사람은 누구나 평등하다고 말한다지? 그런 세상이 올 거라고 믿는다던데? 하긴 어쩌면 많은 백성들이 원하는 세상이 그런 세상이 아니던가?

벼슬아치들이 제대로 나라를 잘 다스렸다면, 어찌 농민들이 낫과 괭이를 무기 삼아 들고 일어나겠으며, 왜 할 일 없이 서양 오랑캐의 귀신을 믿겠다며 설치겠는가?

신재효는 가슴이 답답해졌다.

"그나저나 그럼 이제 다리는 괜찮아진 겐가?"

"네, 다리 하나 못 쓰게 됐지만 목숨이라도 건졌으니, 그게 어딥니까요? 허허!"

"아무리 그래도……."

덕술은 허허롭게 웃었다. 그걸 보고 있자니 마음이 더 쓰렸다. 그래서 무언가 위로의 말이라도 건네려는데 문득 소리가 들려왔다. 신재효는 말을 끊고 귀를 쫑긋 세웠다.

춘향이 거동보소.

고개 돌려 이도령을 보니, 세상에 둘도 없는 호걸이요, 남자 중의 남자라.

관상을 보아하니 크게 성공하여 나라에도 충성할 상이로다.

"허허! 누가 이 새벽부터 바깥에서 소리를 하는 겐가? 목 상한다고 찬 새벽에는 소리를 하지 말라 일렀거늘……."

신재효는 담장이 아래채 쪽으로 휘돌아 가는 모퉁이를 쳐다보며 혼잣말을 했다. 그런데 그때 듣고 있던 덕술이 말했다.

"검당포 처녀일 겝니다."

"검당포 처녀라니?"

"그 왜 달포 전쯤에 일하러 들어왔다던데요? 소리도 곧잘 하고, 일은 또 얼마나 야무지게 잘하는지 모릅니다요. 행랑어멈보다 일찍 일어나서 쌀 씻고, 밥 짓고, 허드렛일까지."

"그런데 자네가 그 아이를 알아?"

"그럼요! 동리정사 안사람들 칭찬이 자자한대요! 제게도 얼마나 친절한뎁쇼. 아, 부엌어멈도 귀한 색시가 들어왔다고……."

덕술의 말을 듣다가 말고 신재효는 성큼성큼 담장 길을 휘돌았다.

모퉁이 끝에서 우물이 한눈에 들어왔고, 그 우물가에 댕기머리를 한 아이가 앉아 쌀을 씻고 있었다. 뒷모습이었지만 딱 보아도 그 아이였다.

아이는 신재효가 다가온 줄도 모르고 소리를 계속했다. 앉은 채 몸을 조금씩 들썩였고 쌀 담은 함지박을 툭툭 두들겨 대며 장단을 맞추기까지 했다.

그 때문인가. 머리 위의 자두나무 여린 가지가 하늘하늘 바람에 흔들리듯 몸을 떨었다. 이어 피지도 않은 자두 꽃이 흩날리는 착각이 들더니, 그 흰 꽃잎들이 소리를 따라 아이의 주위에서 너울댔다. 꽃잎 몇 점이 아이의 머리 위에 그리고 우물가에 사뿐히 내려앉았다.

그제야 정신을 차린 신재효는 소리에 귀를 기울였다.

춘향이 거동을 좀 보소.
술안주를 차리는데, 그릇을 볼작시면,
통영소반에 안성유기, 동래주발에 적벽대접, 천은수저에 유리젓가락이라
안주를 볼작시면
대 양판에 갈비찜, 소 양판에 제육초, 풀풀 뛰는 숭어고기, 트득트득

메추리찜에,
 꼬끼오 연계탕에 톰방톰방 오리탕에, 동래 울산 대전복이라.

'이것 봐라!'
일전에 들었을 때의 목소리와는 또 달랐다. 처음 소리를 들었을 때는 잡소리 할 때처럼 잔재주를 부렸었다. 가늘고 떨리는 소리를 내며 억지로 음정을 올리고 내렸는데, 이제는 그것이 거의 느껴지지 않았다. 게다가 여자아이의 입에서 남자 소리 광대들이 하는 굵은 소리가 들리고 있지 않은가? 그사이에 통성을 내기 시작했단 말인가? 가만히 들어 보면 코에서 나오는 소리(비성)도 좀 있긴 하지만 조화롭지 못한 소리(떡목)는 그다지 없고, 게다가 싱겁게 쓰는 소리(곁목)도 줄어들지 않았는가?
 그래서였을까. 가슴이 뛰었다. 이런 느낌은 완성되지는 않았으나 잘 갈고닦기만 하면 명창이 될 법한 소리꾼을 만났을 때 나오는 것인데? 신재효는 그런 자신이 이상하게 느껴졌다.
"선, 선생님!"
소리가 끊어졌나, 싶었는데 이제야 눈치챈 듯 아이가 얼른 일어나 고개를 숙였다.
"네가 어찌 아직 돌아가지 않고 여기에 남아 있는 것이냐?"
신재효는 모른 체하고 소리를 높였다. 그러나 지난번과는 다르게 아이는 대꾸하지 않았다. 그러다 보니 오히려 신재효가 할 말을 잃고 말았다.

숨을 돌린 신재효가 먼저 말을 꺼냈다.

"그새 소리를 배웠느냐? 김 명창한테?"

"네."

"흠, 이름이 무엇이냐?"

"채색 채(彩), 신선 선(仙) 자를 씁니다. 성은 진(陳)가이옵니다."

"채선이라! 이름만은 소리꾼의 이름을 가졌구나. 네 이야기를 해 보거라."

"네? 무슨 말씀이신지요?"

뜻밖의 말이었는지 채선이 고개를 들고 얼굴을 붉혔다.

"어찌 소리를 배우고자 했는지 말이다. 아버지가 또랑광대라 했겠다? 그래서 소리를 하고 싶었던 것이냐?"

"살고 싶었습니다."

이건 또 무슨 말일까? 신재효를 쳐다보면서 꺼낸 말에 잔뜩 힘이 들어 있었다. 말장난은 아닌 듯한데, 너무 격하지 않은가? 그러나 일단 뒷말을 들어 봐야 그 속내를 알 수 있을 듯했다. 신재효는 대꾸하지 않고 기다렸다.

그러자 채선이 잠시 숨을 고르는 듯하더니 입을 열었다.

"아버지는 또랑광대였지만, 어머니는 무당이었습니다."

신재효는 자신도 모르게 움찔 놀랐다.

"아버지가 살아 있을 때는 종종 따라다니며 소리를 흉내 내고, 그러다 따라 부르게 되었습니다. 그런데 아버지가 사고로 세상을 떠난 뒤에는 그마저도 배울 수가 없었습니다. 하는 수 없이 마을을 지나는 또랑광대에게라도 배우고자 했으나…….”

"……."

"어머니는 저에게 무당이 되라 하셨습니다."

가슴이 덜컹 내려앉았다. 신재효는 자신도 모르게 어금니를 꾹 깨물었다.

"하지만 저는 무당이 되기 싫었습니다. 그래서 별별 짓을 다해 보았지요. 울며불며 어머니에게 매달려 보았고, 집을 뛰쳐나가기도 했습니다. 물론 그때마다 외삼촌 손에 붙들려 집으로 돌아갔지요. 그런데 어느 날 어머니가 안 되겠던지 소리를 하려거든 기생이 되라면서 기방에나 가라 했습니다. 그러고는 대뜸 저를 기방에 맡겨 놓았습니다."

채선은 눈물을 흘렸다.

신재효는 이해할 수 있을 듯했다. 첫날 사랑채에서 소리를 할 때 왜 기생들이 하는 가락이 나왔는지. 하지만 신재효는 고개를 끄덕이는 대신 아차 싶은 생각이 먼저 들었다. 사정을 모르고 대뜸 기생이나 하는 소리라 하지 않았던가. 그 말에 이 여린 아이가 얼마나 상처를 받았을까.

하지만 그래서 더 냉혹하게 물었다. 왜냐하면 이 아이를 정말 곁에 둘 수 있는지를 확인해야 했다.

"그래서 네가 이곳에 와서 처음 내게 들려주었던 소리가 기생이나 하는 그런 노랫가락이었던 것이냐?"

53

"송구하옵니다."

"하지만 내가 듣기에 소리 잘하는 기생은 평생 비단옷 입고, 비단 이불 덮고 잔다는데, 내 말이 틀렸느냐? 네 목소리는 기생의 목소리로는 더할 나위가 없는데 말이다."

"저에게 소리 광대의 재능이 없다는 뜻입니까? 정말 그렇다면, 더 이상 미련을 두지 않고 돌아가겠습니다."

거듭 기생이란 말을 꺼내서 그런지 채선은 목소리에 날을 세웠다.

신재효는 더 이상 묻지 않았다. 뒷짐을 지고 잠시 밝아 오는 동녘 산자락을 쳐다보았다. 서너 번 숨을 길게 몰아쉰 다음 다시 물었다.

"왜 네 이야기를 해 보라 했는지 아느냐?"

신재효의 물음에 채선은 눈물이 그렁그렁 맺힌 눈을 들었다.

"소리는 한이 묻어 있어야 한다. 곱게 자란 양반들이 소리를 못하는 이유다! 또한 소리는 바로 그 한을 담아야 한다는 뜻이기도 하다."

"판소리가 그렇다는 뜻입니까?"

"그래. 판소리는 억눌려 울분이 맺힌 자들이 한을 품고 내지르는 소리란 뜻이다. 그래서 소리 광대의 소리는 목에서 나오는 게 아니라 온몸에서 나온다고 말하는 것이니라."

"……."

"따르거라!"

신재효는 젖은 눈으로 올려다보는 채선에게 말했다. 그리고 앞서 걸었다. 안마당 뜰을 지나 대문 쪽으로 나섰다.

신재효는 대문이 바로 보이는 무지개처럼 생긴 홍예문 앞에 섰다. 대문을 지나 동리정사의 어느 곳에든 가려면 반드시 이 문을 지나야 했다.

"이게 무엇인지 아느냐?"

"들쭉나무 아닙니까?"

채선은 홍예문의 굽은 천장 아래로 바짝 내려 자란 들쭉나무와 신재효를 번갈아 쳐다보며 물었다.

"맞느니라. 내가 왜 이 나무를 여기에 심은 줄 아느냐?"

"그, 그게 저도 이따금 궁금했습니다. 이 문으로 지나다니려면, 아이들 아니고는 허리를 숙여야 하는데……."

"그러라고 일부러 베어 내지 않았다."

"네? 무슨 말씀이신지요?"

"동리정사에 들어오려면 고개를 숙이란 뜻이다. 이곳은 예인이 묵는 곳이니 누구나 고개를 숙여 예를 갖추라는 뜻에서 그리했다."

"아!"

"알겠느냐? 명창의 소리를 들으러 오는 자는 그게 양반이든 상놈이든 한 번은 고개를 숙여야 한다는 뜻이다! 너도 그리할 수 있겠느냐?"

"네에?"

채선은 뜻밖의 물음에 깜짝 놀라 신재효를 쳐다보았다.

"모든 이들이 네 소리를 듣고자 고개를 숙이고 허리를 굽히면서까지 찾아오게 할 수 있겠느냐 말이다."

"그, 그러하겠습니다."

당황한 듯 채선이 더듬거렸다. 그런 채선에게 신재효는 쐐기를 박듯 말했다.

"그 말인즉슨, 어떤 시련이 닥쳐도 이 길을 가겠다는 뜻이렷다?"

뜻을 알고 하는 소리와 모르고 하는 소리

춘향이 거동보소. 고개 돌려 이도령을 보니, 세상에 둘도 없는 호걸이요, 남자 중의 남자라. 관상을 보아하니 크게 성공하여 나라에도 충성할 상이로다. 이에 춘향에게 이도령이 하는 말이,

"네 나이가 얼마이며, 성은 무엇이더냐?"

춘향이 곧바로 대답하되,

"나이는 십육 세요, 성은 성(成)가이옵니다!"

하니, 이도령이 또 이르기를,

"어허! 그 말 참으로 반갑도다! 그러하니 하늘이 내린 인연임이 분명하구나!"

거기까지 듣고 신재효는 손을 들었다.

"그만하거라!"

그 소리에 부채를 들고 위아래로 펼치며 소리를 내던 채선이 얼어붙듯 소리와 동작을 멈추었다.

신재효는 긴 숨을 토해 냈다. 그리고 고개를 저었다.

"어찌 그러십니까?"

옆에서 함께 소리를 듣던 김세종이 물었다.

"처음부터 다시 가르치시오."

"처음부터라면? 하오나 어단성장*과 고저청탁**은 일러두었습니다. 그리하여 이만큼 소리를 내는 것이지요."

"알고 있소. 그래서 첫날보다 귀에 거슬리던 부분이 슬쩍 감추어진 것도 사실이오. 짧은 마디에서는 통성도 잘되고 있고."

"네? 그런데 어찌?"

여전히 그 속뜻을 모르겠다는 듯 김세종이 짧게 되물었다.

신재효는 깊은숨을 몰아쉬었다. 그리고 방금 전 채선이 늘어놓았던 〈춘향가〉의 한 자락을 되

---

* 첫 음은 짧게 마지막 음은 길게 발음하는 것.
** 높고 낮음, 맑고 탁한 소리를 구별해서 발음하는 것.

짚어 보았다. 영 마뜩치가 않았다.

어찌 되었던 귀를 기울이고 채선의 소리를 한 음절과 마디까지 신경을 곤두세우고 들어 본 건 처음이었다. 그래서 지나치며 들을 때와는 많이 달랐다. 기생들의 소리처럼 이유 없이 떨리기도 했고, 숨을 쉬느라 더 길어야 할 소리가 짧아지거나 음이 높이 오르지 못하기도 했다. 자신만의 목소리도 없었고 누군가의 소리를 듣고 따라 하는 것 같은데, 누구의 소리를 따라 한 것인지도 알 수 없었다.

신재효는 잠시 눈을 감았다가 뜬 뒤 말했다.

"김 명창, 들숨과 날숨부터 다시 시작하란 말이오. 저 아이가 비록 배우는 속도가 빨라서 처음 이곳에 온 날보다 소리가 훨씬 좋아진 것은 사실이오. 하지만 이런 식으로는 내로라하는 명창이 되기가 힘들게요. 무엇보다 소리는 숨을 들이쉬고 내쉬는 것부터 몸에 배어야 가능한 것 아니겠소. 또한 그래야만 어단성장과 고저청탁이 자연스레 이루어질 것이고 말이오."

"그 말씀은 백번 옳습니다."

"또한 소리란 목이 아닌 배꼽 아래, 곧 단전에서 나오는 것이 아니오? 그런데 저 아이는 어떤 소리는 단전에서 나오고, 어떤 소리는 목에서 나오고 있소. 그건 또랑광대들이나 하는 것이오."

그렇게 말하고 슬쩍 채선을 보니

표정이 굳어 있었다. 적잖이 당황하고 있는 듯했다. 하지만 신재효는 모른 체했다. 일부러 그리한 것이니 채선이 새겨들어야 한다고 생각했다.

'똑바로 듣거라. 그리고 견디거라. 그래야 네가 무슨 꿈을 꾸고 있든지, 그 꿈을 이루게 될 것이다!'

그런 눈빛을 보내고 신재효는 말했다.

"가까이 오너라!"

그리고 부채를 들어 채선의 배꼽 아랫부분을 가리켰다.

"소리는 여기서 나와야 한다. 그러기 위해서는 들숨과 날숨에 익숙해야 하는 것이고. 들이쉴 때는 여기에 숨을 담았다가, 내쉴 때 천천히 빼내거라. 이때는 허리를 곧게 펴고 엉덩이에 힘을 주거라! 오늘은 하루 종일 이것만 수련하거라!"

"선생님, 하지만 그것은 소리를 익혀 가면서……."

"김 명창, 아니오. 탄탄한 기초를 다진 뒤에 소리를 내는 것과 공연히 어설프게 소리를 내면서 흉내 내는 것은 다르오. 그것은 김 명창도 잘 아시지 않소?"

"알겠습니다, 선생님."

김세종의 말을 뒤로 하고, 신재효는 바깥으로 나왔다.

신재효는 잔뜩 흐린 하늘 때문에 한껏 더 을씨년스러워진 안마당 뜰을 거닐었다. 그리고 한가한 선비나 되는 듯이 홀로 중얼거렸다.

"이제 곧 꽃이 피겠구나!"

신재효는 담장가에 심어진 자두나무를 쳐다보았다. 금방이라도 터질 듯 꽃봉오리가 부풀어 있었다.

채선을 받아들이겠다고 마음먹은 뒤부터 신재효의 머릿속에는, 한 가지 생각이 어지럽게 널뛰고 있었다.

'이 아이가 명창이 되면……? 그래, 조선 최초의 여류 명창이 되겠지. 그것만 해도 세상을 깜짝 놀라게 할 만한 일이 되겠지. 하지만 정말 그리된다면, 저 혼자만의 꿈을 이루는 것으로 끝나지 않는다. 어쩌면 이 나라의 천대받는 여인네들에게도 희망이 되겠지.'

그런 생각만 해도 가슴이 두근거렸다. 물론 그런 의미만 있는 것은 아니었다.

'이 아이를 꼭 명창으로 만들어 세상 사람들에게 보란 듯 이야기할 것이다. 천대받고 하찮게 여기던 무당의 자식도 얼마든지 명창이 될 수 있다고. 그 뿐인가? 양반들에게도 소리칠 것이다. 너희들이 천한 계급이라고 업신여기던 이들을 뛰어난 명창으로 만들었다고!'

문득 신재효는 동리정사를 처음 열었을 때가 생각났다.

양반들은 드러내 놓고 손가락질을 했다.

"아무리 돈이 남아돌아도 그렇지, 어찌하여 그깟 광대들을 먹여 주고 재워 준단 말인가?"

"온갖 천한 광대들이란 광대는 다 모일 텐데, 고을이 시끄럽겠소."

그때 신재효는 속으로 대답했다.

'당신들에게는 그저 천한 것이겠지만, 나에게는 소중한 사람들이오.

이들의 재주를 한껏 키워서 당신들이 이들을 찾아오도록 하겠소. 당신들에게 버림받은 사람들을 내가 거두겠단 말이오!'

그리고 신재효는 뜻을 하나씩 이루었다.

"동리정사에 가면 우리 소리꾼들을 먹여 주고 재워 주고 한다는군. 그저 소리만 하면 된다네!"

그런 소문이 돌자 갓 소리를 배우기 시작한 총각들은 물론이고, 또랑광대며 내로라하는 소리 광대들까지 앞다투어 찾아왔다. 신재효는 이미 소리를 깨우친 명창들과 함께 소리 광대들을 세심하게 가르쳤다. 소리를 처음 배우는 광대들에게는 숨을 들이쉬고 내쉬는 법부터, 웬만큼 소리를 할 줄 아는 광대들이라도 잘 가려내 기초가 부족하면 처음부터 다시 배우게 했다. 그렇게 2~3년이 지나자 제법 소리를 할 줄 아는 소리 광대들이 늘어났다.

소문은 널리 퍼져 나갔고, 소리 광대를 찾는 양반들이 하나둘 늘기 시작했다. 소리 광대를 보내 달라는 양반들도 있었고, 직접 소리를 듣기 위해 찾아오는 사람들도 있었다.

그즈음 신재효는 소리 광대들에게 말했다.

"우리가 소리를 아무리 잘해도 양반들은 떠돌이 소리꾼이라며 하찮게 생각할 것이오. 그들에게 천대받지 않으려면 그냥 잔재주나 부려 소리를 한다고 생각하지 말고, 스스로를 예인이라 생각하고 품격도 갖추어야 하오."

그런 덕분인지 거친 양반들이라도 소리 광대를 대하는 태도가 예전에 비해 점잖아졌다.

　신재효는 하늘을 쳐다보았다. 그리고 나지막이 혼잣말을 했다.
　'채선아, 부디 힘을 내거라!'

　이튿날부터 채선의 목소리는 들리지 않았다. 아래채 소리 수련 방에서도, 빨래터에서도, 가끔 채선을 볼 수 있었지만 소리를 하는 모습은 볼 수 없었다. 궁금하여 이른 새벽 쌀을 씻던 우물가에도 가 보았지만, 채선은 소리를 하지 않았다. 멀리서 본 채선의 모습은 그저 굳은 얼굴뿐이었다.
　신재효는 궁금했다. 전에는 소리에 목말라 아무데서나 목청을 키우던 아이가 그렇게 철저하게 입을 닫고 있다니? 혹 무슨 병이라도 난 것일까? 벌써 열흘째 아닌가. 그새 자두 꽃이 피어 담장을 희게 수놓고 있건만.
　궁금하여 신재효는 아래채로 나가 보았다.
　채선은 소리 수련 방에 홀로 앉아 있었다. 양반다리를 하고는, 허리를 쭉 편 채 숨쉬기를 하고 있었다.
　채선은 신재효가 방으로 들어서자 얼른 일어났다.
　"그동안 어찌 소리를 하지 않은 것이냐? 숨 쉬는 수련만 한 것이냐?"
　"네."
　예상은 했지만 조금 어이가 없었다. 미련스럽다는 생각도 들었다. 아니 독하다고 생각하자, 새삼 믿음직스러웠다. 그런 각오라면 뭐든 해낼 수 있지 않을까? 섣부른 기대감도 생겨났다.

"앉거라. 아니다, 일어선 김에 소리 한번 해 보거라!"

"네? 무슨······."

"무엇이든지 해 보거라. 옳지. 너는 〈춘향가〉를 잘한다 하였으니 어사출또 하는 대목을 한번 해 보거라!"

그러자 채선은 잠시 머뭇거리는 듯하다가, 곧 입을 열었다.

달 같은 마패를 해같이 들고서는 소리 높여,
"암행어사 출또야!"
하는 소리에 온 고을이 뒤집어지는 듯하고
모든 수령들이 천방지축 달아나며 겁내는 거동이 기구하도다.
자빠지며 엎어지고, 칼집 쥐고 오줌 누며, 갓모자 떼어 쓰고
모른 체 말로 수작하니,
"문 들어온다, 바람 닫아라!"
"물 마르다, 목 들여라!"
이때, 곡성 현감 거동 좀 보소,
말을 거꾸로 타고 이랴, 하니 말은 제 발로 동헌으로 다시 기어 들어가는구나.
사또는 개구멍에 낑겨 언청이가 되었고,
좌우 포졸과 기생들은 저마다 흩어져서
뒹구는 게 거문고요, 깨지는 게 북통이라!

"되었다! 그만하여라."

신재효는 손을 내저었다. 그리고 가만히 생각에 잠겼다. 불과 닷새 사이에 숨을 내쉬고 뱉는 방법이 이전과 달라져 있었다. 높은 소리에서는 여전히 거칠고 불규칙했지만, 이전과는 달리 숨을 마음대로 조절하고 있는 듯했다. 배 속에서 끌어올리는 소리가 안정감을 찾고 있다는 뜻이었다.

"흠! 내가 듣기에는…… 아니다, 네가 먼저 대답해 보아라."

"네에? 무슨?"

"숨을 먼저 수련하고 나서 소리를 하니 어떻게 다르더냐?"

"어단성장과 고저청탁이 훨씬 쉬워진 듯합니다."

"또?"

"숨의 여유가 있으니 조급해하지 않아도 됩니다."

"그리고?"

"욕심 같아서는 완창도 가능할 듯합니다."

"그래! 바로 그것이다. 숨이 판소리의 기초를 잡아 주고, 더 나은 소리를 하게끔 바탕을 만들어 준다. 또한 완창을 할 때도, 처음부터 끝까지 고른 소리를 낼 수 있게 해 줄 것이다. 알겠느냐?"

"명심하겠습니다."

"그러나 아직 숨을 고르는 방법이 완성된 것은 아니니, 더 수련해야 한다. 잊지 말거라!"

"아울러 또 명심하겠습니다."

"그래. 그렇다면 이걸 보거라!"

신재효는 채선 앞으로 얇은 서책을 하나 던졌다. 그런데 채선은 그것을 집어 들더니, 펼쳐 볼 생각은 안 하고 신재효만 쳐다보았다.

"〈적벽가〉를 불러 본 적 있느냐?"

"그러하옵니다."

"어느 대목을 불러 보았느냐?"

"저는 유비가 공명을 찾아가 삼고초려 하는 장면을 좋아합니다."

"그렇다면 우선 이걸 보거라!"

신재효는 채선 앞에 내놓은 책을 가리켰다.

"〈적벽가〉를 글로 쓴 것이다. 아무 대목이나 펼쳐서 해 보겠느냐?"

그런데 이상하게도 채선은 여전히 머뭇거렸다. 선뜻 책을 펴 보려 하지 않았다.

"혹시 너도……? 아뿔싸! 글을 모르는 것이냐?"

채선은 고개를 끄덕였다. 신재효는 무릎을 쳤다.

솔직히 그리 놀랄 일은 아니었다. 소리 광대의 대부분이 글을 읽을 줄 몰랐다. 명창이라 이름나 있는 소리 광대들 중에도 그런 사람이 많았다. 대부분의 소리 광대들은 누군가에게서 듣고, 그걸 외운 후에 그대로 따라 부르며 소리를 익혔던 것이다. 신재효는 그래서는 안 된다고 생각했고, 동리정사에 온 소리 광대들에게는 글자를 배우라고 일렀다.

하지만 잘 지켜지지 않았다.

"소리만 잘하면 됐지, 글자는 배워 무엇에 쓰겠소?"

그러면서 버티는 경우가 대다수였다. 하는 수 없이 글자를 배우지 않으려거든 동리정사를 떠나라고 엄포를 놓기도 했다. 그러자 공부하는 흉내를 내기는 했지만, 대다수 소리 광대들은 열심히 배우려 하지 않았다.

신재효는 채선에게 일렀다.

"오늘부터 당장 글을 배우거라. 내가 가르쳐 줄 것이고, 김 명창에게도 일러 놓을 테니 모두 익히거라."

"언문을 말하는 것이옵니까?"

"우선 언문을 익히고, 틈틈이 한자를 배우거라!"

"하온데, 스승님. 소리꾼이 글자를 익힌다는 소리는 처음 듣사옵니다."

"아니다. 익혀야 한다! 네가 방금 전에 한 〈춘향가〉에 이런 대목이 나온다. '금준미주(金樽美酒)는 천인혈(天人血)이요, 옥반가효(玉盤佳肴)는 만성고(萬姓膏)

라.' 무슨 뜻이냐?"

"네? 그것은……."

"그것 보아라. 뜻도 모르는데 어찌 그 느낌을 너의 소리에 그대로 담아낼 수 있겠느냐?"

"금동이의 아름다운 술은 일천 명의 피로 만들어진 것이요, 옥소반의 좋은 안주는 일 만 백성의 기름을 짜 만든 것이로다. 바로 이 뜻이니라!"

"아……."

"알겠느냐? 뜻을 알고 하는 소리와 모르고 하는 소리는 하늘과 땅 차이니라."

"과연 뜻을 알고 소리를 하면, 더 깊은 소리를 낼 수 있을 듯합니다."

"그렇지! 그 감정을 가슴 깊이 잘 새겨 놓고, 마치 정말로 그런 일이 있었다는 듯이 그대로 살려 낸다면, 듣는 이 역시 더욱 감명 깊게 받아들일 것 아니겠느냐?"

신재효의 말에 채선은 고개를 끄덕였다. 그래서 신재효는 한마디 더 했다.

"또한 글자를 익혀 두면 양반들이 함부로 소리 광대를 무식하다고 업신여기지 않을 것이다. 그게 진짜 소리 광대가 되는 길이니라."

"명심하겠습니다."

그 말을 듣고 신재효는 밖으로 나왔다.

여자
소리 광대

담장을 따라 심어 놓은 자두나무 가지가 한 해를 지나면서 한껏 굵어졌다. 한양에서는 대원군이 천주학쟁이들을 수도 없이 죽였다는 소문이 퍼졌고 그런 통에 동리정사 대문만 나서면 흉흉한 말들이 오갔지만, 자두나무 꽃은 더 많이 피었고 한결 화사해졌다. 덕분에 봄 내내 황토 빛 담장에는 벌과 나비가 날아들어 눈부신 그림이 수놓아지곤 했다.

자두 꽃과 복사꽃이 차례로 피고 진 뒤에 바라본 뜰 앞의 벽오동 나무의 잎은 한결 푸르렀고, 더 높이 자란 듯했다.

신재효는 사랑채 툇마루 끝에 홀로 앉아 가만히 눈을 감았다. 나지막이 소리 광대들이 수련하는 목소리와 담장 너머 산자락에서 풀벌레 소리가 함께 들려왔다. 그리고 오래지 않아 누군가 바쁘게 다가오는 인기척이 들렸다.

김세종이었다.

"선생님, 채선이라 하셨습니까?"

바투 다가온 김세종이 다짜고짜 물었다. 눈까지 동그랗게 뜨고 있는 것이 도무지 못 믿겠다는 표정이었다.

"김 명창! 마침 잘 왔소. 그런데 뭐가 잘못되었소? 왜 그리 호들갑이시오?"

"아니, 어찌 채선을 오늘 공연에 내보낸다 하십니까? 더구나 오늘은 황 진사와 정읍 현감이 함께 오신다고 하지 않으셨습니까? 뿐만 아니라 한때 벼슬깨나 했다는 양반들이 서넛이 더……."

"그래서 채선을 내보내자는 거 아니오? 김 명창은 채선의 스승이면서 혹 채선을 믿지 못하는 것이오?"

김세종의 말을 끊고 되물었다. 그러자 김세종은 잠시 당황하는 듯했다.

신재효도 어느 만큼은 이해할 수 있었다. 여자 소리 광대를 처음 사람들 앞에 내놓는 게 두렵기 때문일 것이었다.

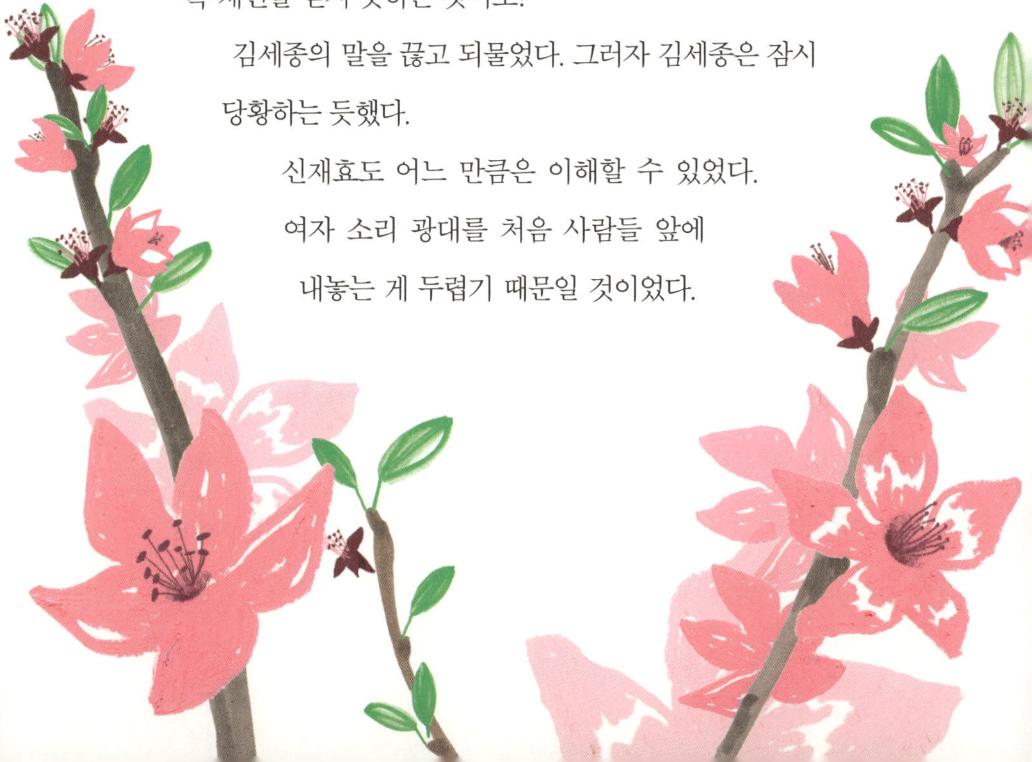

더구나 황 진사는 신재효만큼은 못해도 소리에 일가견이 있다고 소문 난 사람 아닌가? 또한 정읍 현감은 어떻고? 그 역시 소리라면 열일을 제쳐 놓고 찾아서 듣는 애호가였다. 그 역시 소리의 좋고 나쁨은 충분히 분별할 줄 아는 사람이었다. 그런데 그들 앞에 아직 수련 중인 채선을 내보낸다는 것이 걱정될 터였다.

하지만 신재효는 언제까지 채선을 숨겨 둘 수만은 없었다. 명창의 반열에 오르게 하려면 많은 사람들 앞에서도 능수능란하게 소리를 할 수 있어야 한다고 생각했다. 저 혼자 명창은 아무런 의미가 없는 것이었다.

신재효는 김세종에게 다시 물었다.

"김 명창, 무엇이 두려운 게요? 채선에게 소리를 가르쳐 보자고 한 것은 애초에 김 명창 아니오? 그리고 그 아이에게 소리를 가르친 지 일 년이 훌쩍 넘었소."

"그렇긴 합니다만 아직은 무리일 듯싶습니다."

"그동안 그렇게 열심히 소리를 연습한 아이는 내가 본 적이 없소. 익히는 속도도 아주 빨랐고요."

사실이 그랬다. 채선은 시키는 것 하나 빼먹은 적이 없었고, 반나절만 연습하라고 하면 한나절을 연습했다. 행랑어멈을 도와 허드렛일을 할 때를 빼고는 오로지 소리만 갈고닦았음을 모르지 않았다. 신재효는 그것이 대견해서 다섯 달 전부터는 허드렛일을 그만두고 소리만 하라고 일러두기도 했다. 그러자 잠을 더 줄여 소리만 반복해서 연습했다.

"솔직히 말해 보시오. 그 아이의 소리가 어떻소? 남들 앞에 내놓기 부

73

끄럽소?"

"아, 아닙니다. 채선은 재작년에 동리정사에 들어온 김 총각보다 소리가 한결 힘차고 곧습니다. 흥겨운 대목에서는 절로 어깨가 들썩이고, 슬픈 대목에서는 저도 모르게 눈물이 흐릅니다."

"그런데 어찌하여 주저하는 것이오?"

"선생님, 오늘 소리를 듣고자 오시는 분들은 여자 소리 광대에 익숙하지 않을 것입니다."

"역시 그것을 걱정하고 있었던 것이오? 하지만 언젠가는 부딪쳐야 할 일 아니오? 해 봅시다. 채선을 불러오세요. 참, 장자백과 김찬업도 오라 하시오."

"선생님!"

김세종의 얼굴빛이 희어졌다. 그럼에도 신재효는 그냥 씩 웃고 말았다. 장자백과 김찬업은 김세종이 몇 년 전부터 공을 들여 키우는 제자였다. 오늘과 같은 자리에 둘을 모두 불러낸다는 건, 그들의 소리 재주를 인정한다는 뜻이었다. 더하여 김세종의 능력도 높이 사겠다는 의미이기도 했다.

신재효는 먼저 일어났다. 그리고 따사로운 볕 아래로 나섰다. 해바라기를 하며 잠시 생각에 잠겼다.

걱정이 되기는 신재효도 마찬가지였다. 애써 아무렇지도 않은 척했지만, 자리가 자리인 만큼 어쩌면 동리정사에 머물고 있는 명창들을 내세우는 게 맞을 성싶었다. 하지만 언제까지 양반들 눈치만 볼 수는 없었다.

'옳다! 양반들의 허물을 꼬집고 백성들의 가려운 데를 소리로나마 긁어 주는 소리꾼이 여전히 그들의 눈치만 본다면, 그게 어디 바른 소리꾼이겠는가? 동리정사를 열었던 이유가 무엇인데? 누구에게나 예인이 될 기회를 주겠다는 것이었고, 그들을 통해 세상에 마음껏 뜻을 펼치고자 함이 아니었는가?'

신재효는 고개를 끄덕였다. 더하여 '따지고 보면 소리를 좋아하는 양반들에게도 새로운 소리 광대의 소리를 들을 수 있는 기회가 될 게 아니겠는가?' 하는 생각에 이르렀다.

"나리, 손님들을 모두 정자로 모셨습니다."

마침 행랑아범이 달려와 말했다. 그 뒤로 푸른색 도포를 입은 김세종이 나타났다. 매초롬한 얼굴의 미소년이 부끄러운 듯 얼굴을 들지 못하고 그 곁에서 주뼛거렸다. 누굴까 하며 자세히 보니 채선이었다.

채선은 갓두루마기를 입고 있었다. 그 옷이 어색한지 자꾸만 제 입은 옷을 휘둘러보고 손으로 쓸어내리곤 하였다. 딴상투*를 튼 모양이 자꾸만 신경 쓰이는 듯했다. 망건이 불편한지 이마를 찡그렸다. 매화 잎이 그려진 쥘부채를 쥐고 있는 손에 힘이 잔뜩 들어가 있는 게 보였다.

"남장을 하였구나!"

그러면서 김세종을 쳐다보았다. 어쩔 수 없습니다, 라고 말하는 듯 김세종은 굳은 표정을 짓고 있었다. 신재효는 더 이상 무어라 말하지는 않

---

* 자기 머리카락이 아닌 다른 사람의 머리카락으로 만들어 얹은 상투.

왔다.

"스승님……."

채선이 입을 열었다. 그러나 신재효는 얼른 말을 받아 가로챘다.

"됐다. 무슨 말을 하려는지 안다. 할 수 있다고 생각하거라. 또 그래야 하고. 자, 가자."

신재효는 앞장섰다. 사랑채를 지나 정자 쪽으로 걸음을 옮겼다. 그 뒤로 김세종과 장자백, 그리고 김찬업이 따랐다. 채선은 맨 뒤에서 발그레한 얼굴로 말없이 뒤를 쫓았다.

어느새 정자 뒤로 보이는 산이 연둣빛이었다.

불기운이 바람을 타고 떨쳐 일어나며 화염을 일으켜 하늘을 가득 채우는데

물결은 출렁출렁, 전선은 뒤뚱뒤뚱, 돛대는 지끈지끈

닻줄은 끊어지고, 장막도 쪽쪽 찢어지니

화전(불화살), 궁전(화살), 방패며 창, 마름쇠, 나발이며 북과 꽹과리가 사납게 다 짓이겨져

바람 부는 강 위에 뎅그렁뎅그렁 두둥실 떠나가니 수만 전선 간 데 없고 적벽강이 불타오르니

조조의 백만대군이 일시에 함몰할 적에 기막히고 숨 막힌다.

〈적벽가〉였다. 조조의 백만 대군이 적벽에서 패해 무너지는 부분이었는데, 고수의 북소리가 빨라지면서 이야기의 재미가 절정을 향하고 있었다. 주안상을 앞에 놓고 앉은 양반들은 그 소리에 흠뻑 빠져 저마다 가슴을 졸이며 상기된 표정을 짓고 있었다. 몇몇은 고개를 끄덕이고, 또 어깨를 들썩거렸다.

김세종이 몇 해 전부터 소리를 다듬어 주고 있는 김찬업의 장점은 바로 그것이었다. 김세종이 알고 있는 이론을 완벽하게 소화하고 그것을 소리에 충실하게 담고 있다는 것, 그리하여 각 부분에서 모두 고른 소리가 난다는 것. 그래서 어느 부분에서든 과장됨이 없어 듣는 이의 이해가 쉽다는 것. 다만 오히려 그런 점 때문에 때때로 재미가 덜한 게 흠이라면 흠이었다. 그래도 신재효는 그가 머지않아 명창이 되리라는 것을 믿어 의심치 않았다.

이어서 장자백은 〈변강쇠가〉를 쏟아 놓았다. 내용이 구성지고 우스운 대목이 많아 정자가 떠들썩하도록 웃음이 멈추질 않았다. 다만 용모가 빼어나 그 잘생긴 얼굴이 동리정사에서는 누구에게도 뒤지지 않았는데, 표정이 아직은 소리의 내용과 잘 어우러지지 못했다. 하지만 그 역시 오래지 않아 명창이라 불릴 만한 소리를 가지고 있음이 분명했다.

이어 채선이 앞으로 나섰다. 예상했던 것처럼, 양반들이 서로 무슨 말인가를 주고받으며 술렁였다. 돌아보니 채선이 바짝 긴장하고 있었다. 눈이 마주치자 신재효는 고개를 끄덕였다.

채선은 숨을 한번 고른 다음, 고수의 북소리와 함께 〈심청가〉를 시작했다.

 생긴 모양을 볼작시면 말총 같은 머리털은 하늘을 가르치고 됫박이마에 왜눈썹에 주먹코요
 메주 볼에 송곳 턱, 입은 크고 입술부터 큰 대문을 열어 놓은 듯하니, 이는 드문드문 늘어선 것이 영락없는 짚신짝이요,
 두 어깨는 떡 벌어지고, 손생긴 뽄을 보면 솥뚜껑을 엎어 놓은 듯
 허리는 집동 같고 배는 북통같고 엉덩이는 부잣집 떡치는 암반 같고…….

 뭐랄까? 뺑덕어멈을 소개하는 부분에 이르러 흥이 돋아야 하는데, 살얼음판을 걷는 듯한 아슬아슬한 기분이랄까. 소리는 좋아진 게 분명했다. 고저장단도 그만하면 무리 없어 보였다. 하지만 당기다가 놓아 밀어 주는 목소리(미는목)가 어설프게 들렸고, 둥글둥글 굴려 내는 목소리(방울목)가 드러나야 할 부분인데, 예민하게 날카롭게 끊어 맺는 목소리가 더 들리기도 했다. 어떤 곳에서는 뜬금없이 쥐어짜는 목소리까지 들렸다. 하지만 그것이 치명적이지는 않았다. 보통의 구경꾼이라면 대번에 박수가 나올 만했다. 다만 귀명창이 듣기에 그렇다는 것이었다. 신재효는 입술을 깨물었다.
 채선도 그것을 스스로 느끼고 있는 모양이었다. 잘하려고 하는데 뜻대로 소리가 마음껏 나오지 않는지 스스로 웃으며 넘어가야 할 대목에서도

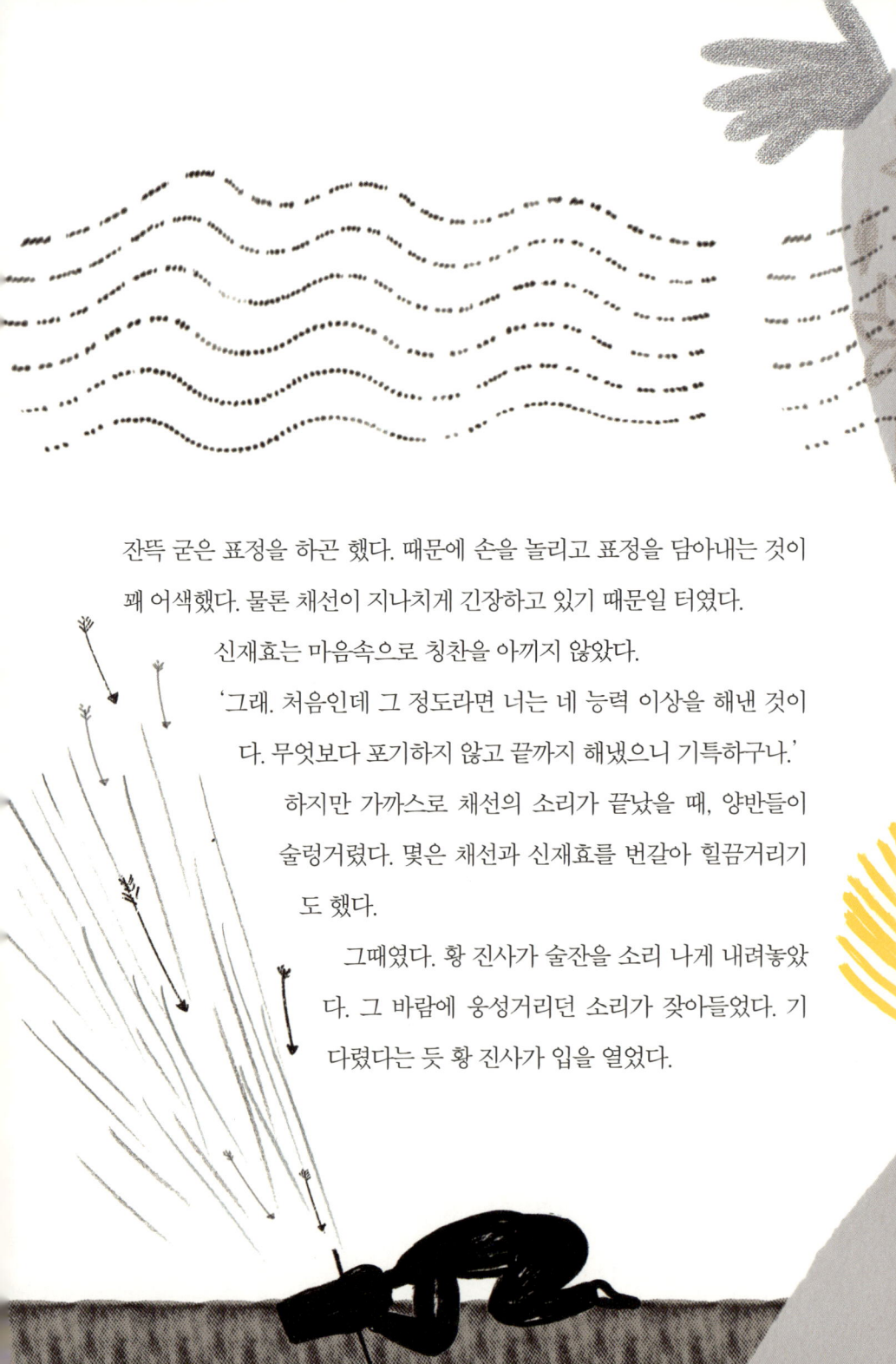

잔뜩 굳은 표정을 하곤 했다. 때문에 손을 놀리고 표정을 담아내는 것이 꽤 어색했다. 물론 채선이 지나치게 긴장하고 있기 때문일 터였다.

신재효는 마음속으로 칭찬을 아끼지 않았다.

'그래. 처음인데 그 정도라면 너는 네 능력 이상을 해낸 것이다. 무엇보다 포기하지 않고 끝까지 해냈으니 기특하구나.'

하지만 가까스로 채선의 소리가 끝났을 때, 양반들이 술렁거렸다. 몇은 채선과 신재효를 번갈아 힐끔거리기도 했다.

그때였다. 황 진사가 술잔을 소리 나게 내려놓았다. 그 바람에 웅성거리던 소리가 잦아들었다. 기다렸다는 듯 황 진사가 입을 열었다.

"동리 선생! 여기가 기방이오?"

그 한마디에 사방은 찬물을 끼얹은 듯 고요해졌다.

"진사 어른, 무슨 말씀이시온지요?"

신재효는 얼른 그 앞으로 달려가 머리를 조아렸다. 황 진사는 한때 벼슬도 높았었지만 인근 마을에까지 명망이 높은 사람이었다. 아니, 그래서 그에게 예의를 꼭꼭 갖추는 것은 아니었다. 그는 동리정사를 지었을 때도 '그대가 무슨 생각을 품었든 꼭 이루길 바라오!'라고 말해 주었고, 진주 민란 때문에 떠돌아다니는 양민들을 도와주었다고 혼이 날 때도 편을 들어주었었다. 뿐만 아니라 소리도 아주 잘 아는 편이어서 종종 신재효에게 아낌없는 충고도 해 주었다.

"몰라서 묻소? 〈심청가〉를 부른 소리꾼은 계집아이 아니오? 내가 할 일이 없어 기방에 가서 소리나 듣는 한량인 줄 알았던 게요?"

역시 채선을 두고 하는 말이었다. 신재효는 숨을 고르고 대답했다.

"그럴 리가 있겠습니까? 채선을 두고 하시는 말씀인 듯한데, 그 아이 역시 소리꾼입니다."

"내가 조선 팔도에 여자 소리 광대가 있다는 소리는 들어 본 적이 없소. 도대체 무슨 꿍꿍이요?"

"진사 어른, 지금까지 없었으니 제가 처음으로 저 아이를 여류 명창으로 만들고자 하는 것입니다."

신재효는 입안이 바싹 말랐지만, 똑같은 말을 했던 채선의 얼굴을 떠올리며 또박또박 말했다. 그러자 황 진사가 다시 다그쳤다.

"동리 선생, 진정 선생은 판소리를 여자가 하는 게 가능하다고 믿는단 말이오? 어찌 여자의 목소리가 판소리의 굵고 낮으며 울림이 큰 소리까지 다 감당할 수 있단 말이오?"

"진사 어른……."

"말해 보시오. 판소리란 게 애초에 남자들의 굵은 목소리를 기본으로 하고 있는 것이 아니오? 나는 그것을 묻고 있는 것이오."

"저도 처음엔 그리 생각하였고, 이 아이를 동리정사에서 내보내려 하였습니다. 하지만 꼭 저 아이를 소리꾼으로 만들어 낼 것입니다. 그리하면 진사 어른께서는 더욱 다양하고 다채로운 소리를 듣게 되실 것입니다. 그 소리가 궁금하지 않으십니까?"

"무어요? 조, 좋소. 아무리 그렇다고 해도 내가 설익은 목소리나 듣자고 여기 온 줄 아시오? 동리 선생에게 실망했소."

정말로 실망했다는 표정이었다.

황 진사는 곧장 일어났다. 바로 그때, 신재효는 굳은 마음으로 대꾸했다.

"오히려 소인이 실망했습니다. 그래도 대감께서는 소인의 본뜻을 이해해 주실 줄 알았습니다."

"허허! 참으로 안타깝소. 동리 선생이 그리 나온다면 다시는 동리정사에 오지 않겠소!"

곁에 앉았던 정읍 현감도 일어났고, 그들과 함께 자리를 했던 양반들도 따라서 정자를 내려섰다.

볕은 따뜻한데, 바람은 찼다. 기분이 그래서였을 테지만, 신재효는 옷 깃을 여미었다. 엎어진 술잔과 먹다 남은 음식들이 널려 있는 상 앞에 앉아 신재효는 씁쓸한 미소를 지었다.

"선생님, 어찌하여 그러셨습니까?"

김세종이 다가와 물었다.

"나는 저들의 눈치나 보자고 동리정사를 만든 것이 아니오. 뿐만 아니라 저들로부터 소리 값 좀 받아 보려고 저들에게 소리를 들려주는 것도 아니지요."

"……."

"저들이 하지 않는 예를 바로 세우고자 함이오. 또한 그 예를 통해 항상 핍박받으며 살아온 우리 백성들의 본마음을 널리 알리고자 하는 것이오."

그때, 채선이 황급히 달려왔다.

"스승님, 아무래도 저 때문인 듯합니다. 제 소리가 부족해서 일어난 일 같으니, 당분간이라도 동리정사를 떠나 홀로 소리를 배우겠습니다."

"지금 무어라 했느냐? 내가 고작 그딴 말을 듣고자 너를 동리정사에 머물게 했는 줄 아느냐?"

"하오나 저의 잘못으로 인해 선생님께 해가 미치게 될까 두려울 따름입니다."

"허허! 그만하여라."

"아무래도 소리는 욕심인가 봅니다. 앞뒤를 모르고 천방지축 날뛴 탓

입니다."

"그만하라고 하지 않았느냐? 네 입으로 분명 조선의 첫 번째 여자 소리 광대가 된다고 하질 않았느냐? 그런 말을 한 네가 이런 정도의 어려움도 예상하지 못했다는 것이냐?"

"스승님!"

"나에게 이만한 어려움이 없었는 줄 아느냐? 동리정사를 짓겠다고 했을 때, 수많은 사람들이 비웃었고 협박도 당했느니라. 어디 그뿐이더냐? 천한 소리꾼을 먹여 주고 재워 준다고 하니, 샘을 낸 양반들이 없는 일도 만들어 나를 오라 가라 하며 죄를 씌우지 못해 안달이 났다."

"……"

"그런데 고작 이따위 일로 마음이 흔들린단 말이냐? 그럴 것이면 어찌 명창이 되겠다고 나를 찾아왔느냐?"

"스승님!"

채선은 무릎을 꿇은 채 눈물을 흘렸다. 신재효는 그런 채선에게 다그치듯 물었다.

"묻겠다. 소리꾼이 되려면 어떤 조건을 가지고 있어야 하느냐?"

"네? 그, 그건……."

갑작스러운 질문에 채선은 붉어진 뺨을 들고 더듬으며 말했다.

"말해 보거라!"

"우선은 인물치레입니다. 남에게 얼굴을 보이고 소리를 해야 하므로 용모가 빼어나야 한다, 하셨습니다."

"그다음은?"

"사설치레입니다. 소리는 정확한 발음으로 이야기를 엮어 가야 한다는 뜻입니다. 그다음은 득음(得音)인데, 어떤 소리든 자유자재로 소리를 할 수 있고, 또한 가락을 탈 줄 알아야 한다는 뜻입니다."

"계속하거라!"

"마지막으로 너름새인데, 이는 소리 광대는 자신이 하는 소리 내용의 참뜻을 알아, 이것을 몸짓으로도 표현해 낼 수 있어야 한다는 뜻입니다. 신선의 이야기를 할 때는 신선이 되고, 귀신의 이야기를 할 때는 귀신도 될 수 있다고 하셨지요."

"됐다. 그만하면 됐다."

채선은 고개를 갸웃거렸다. 김세종도 여러 번 말했고, 신재효도 첫날이 이야기를 반복해서 들려주었다. 그리고 가슴에 늘 품고 있으라고도 했다. 그런데 다시금 그 말을 되새기라는 것을 이해할 수 없다는 얼굴이었다.

신재효는 바로 지금이 다시 시작해야 할 때라는 것을 깨달았다. 그래서 채선에게 다시 말했다.

"이제부터는 토방에 들어가 홀로 공부하여라. 독공(獨功)을 하란 말이다. 참된 소리꾼이 되는데 가장 필요한 것은 역시 득음이다. 그러기 위해서는 백 일 독공이 필수이니, 당장 내일부터 그리하거라."

그때, 김세종이 나섰다.

"선생님, 준비를 시킨 다음에 하심이 좋을 듯합니다."

아마 김세종은 걱정이 되어서 그럴 거였다. 혼자서 백 일 동안 목에서 피가 나도록 연습을 반복해야 하는 것이 독공이었으므로 단단한 각오를 하기 전에는 힘든 일이었다.

하지만 신재효는 다시 말했다.

"독공은 오로지 소리만 연습하는 게 아니오. 홀로 좁고 어두운 방에 틀어박혀 소리를 배우라는 뜻은, 스스로의 마음을 다스리고 온갖 잡념과 싸우며 자신을 굳건하게 바로 세우는 일이기도 하오. 나아가 담력을 키우는 일이기도 하지요. 김 명창도 알 것 아니오?"

"그러합니다. 하지만 여자의 몸으로 어찌 그걸 해내겠습니까?"

"그래도 해야 하오. 더구나 이제부터는 스승의 소리를 단순히 흉내 내고 따라 하는 것이 아닌 이 아이만의 소리를 내야 할 때입니다. 그래서 지금 독공이 더 필요한 것이오. 내일 당장 채선이 독공할 수련 방을 마련해 주세요."

신재효는 말을 마치고 어금니를 꽉 깨물었다. 마치 자신이 독공을 하겠다는 듯이.

혼자 서는 길

어느새 아우성치던 풀벌레 소리가 멈추고 빗방울 떨어지는 소리가 들렸다.

신재효는 들여다보던 서책에서 눈을 떼고 사랑채 문을 열었다. 섬돌 아래 처마 밑으로 떨어지는 낙숫물 소리가 더 크게 들렸다. 마당 저편, 수련 방 쪽으로 줄지어 심어진 복사꽃 이파리가 비를 맞으며 파르르 떨고 있었다.

신재효는 한참 동안 빗물에 젖어 드는 마당을 내려다보았다. 귀로는 장단을 맞추듯 떨어지는 낙숫물 소리를 들었다. 그러면서 저도 모르게 〈춘향가〉의 한 대목을 중얼거렸다.

옥문 안에 춘향이가 서고, 옥문 밖에는 거지꼴을 한 이도령이 서서 문틈으로 손을 내어 맞잡으니, 춘향이 하는 말이,

"하늘에서 떨어졌나, 땅에서 솟았는가?
구름에 싸여 왔는가, 바람 끝에 실려 왔는가?
어찌 그리 못 왔던가, 어찌 이리 더디 왔던가?"

소리 광대가 아니라 소리는 할 수 없었지만, 신재효는 방금 전까지 서책에 적어 놓았던 〈춘향가〉의 한 대목을 자꾸만 되뇌어 보았다. 부채를 말아 쥐고 책상 끝을 툭툭 치면서 중얼거리니 얼추 흥이 날 듯도 했다.

신재효는 혼자 씩 웃었다.

"무엇이 그리 즐거우십니까?"

어느덧 사랑채 앞이 어두워진다 싶더니 도롱이를 입은 김세종이 나타났다.

"아! 김 명창, 어서 오시오. 그렇지 않아도 기다리고 있었소."

"어인 일로 부르셨습니까?"

김세종이 도롱이를 벗어 한쪽 벽에 기대어 세워 놓고 방 안으로 들어왔다.

"이것 좀 보시겠소?"

신재효는 방금 전까지 자신이 중얼거리던 〈춘향가〉의 한 대목이 써 있는 서책을 내밀었다. 김세종은 서책을 받아 들더니 서너 장을 금세 읽어 내렸다.

"선생님, 이건 〈춘향가〉가 아닙니까? 그런데 듣던 것과는 다른데요?"

"맞소. 내가 김 명창에게 의견을 듣고 싶어 긴히 부른 것이라오. 아무래도 〈춘향가〉는 김 명창이 조선에서 제일이 아니오?"

"무슨 말씀이십니까? 저는 그저 재주라곤 그것밖에 없을 뿐이지요."

"나한테까지 그리 겸손해하지 않아도 되오. 안팎에서 인정하는 명창이 어찌 그런 말을 하시오. 아, 그보다 지금 읽어 본 〈춘향가〉가 어떠하오?"

"글쎄요. 지금 써 놓으신 것은, 어쩐지 깊은 맛은 느껴지지 않으나 흐름이 빠릅니다. 길이를 줄이셨습니까?"

"바로 보았소. 이것은 내가 완창이 어려운 수련생들을 위해 따로 만들어 본 것이오. 또한 이것으로 여자 소리꾼이 연습하면 도움이 될 것이오."

"고쳐서 새로 쓰셨단 말씀이시지요?"

"그렇소. 배우고자 하는 소리꾼들이 단계적이고 체계적으로 배울 수 있게 말이오. 어떻소?"

김세종은 선뜻 대답하지 못했다.

"처음이라 얼떨떨할 게요. 하지만 이렇게 하면 소리꾼을 훈련시킬 때 큰 도움이 될 것이오. 내 이것을 채선에게 시켜 볼까, 하는데 김 명창의 생각은 어떠하오?"

"채선에게 말씀이십니까?"

"그렇소. 아, 그나저나 채선은 많이 나아졌소? 도라지 청은 어찌 되었소?"

"행랑아범이 고창 장에 나가 강원도에서 온 장사꾼에게 구했다고 들었습니다. 아침저녁으로 모과와 오미자를 끓여 먹게 하고 있습니다."

"잘하셨소. 갈라진 목에 도라지 청만 한 것이 없소. 그리고 아직은 조심해야 할 때이니 하루에 한 시진 이상 소리를 해서는 안 되오."

"그리 말해 두었습니다."

"고맙소. 아이가 고집이 보통이 아니니, 잘 지켜봐야 할 게요. 열흘쯤 지나면 부어 있는 성대가 가라앉을 터이니, 그때부터 이 〈춘향가〉를 수련하게 해야겠소. 김 명창이 먼저 해 보시고 잘 가르쳐 주시오."

"그리하겠습니다."
"채선이 잘 해낸다면, 막 시작한 수련생들에게도 해 보라 할 것이오."
하지만 신재효는 미덥지 않다는 듯, 그새를 못 참고 벌떡 일어났다.
"아니, 이럴 게 아니라 지금 채선을 보아야겠소. 김 명창, 어서 가십시다."
걱정이 되긴 했다. 토굴에서 나와 피를 흘리며 쓰러진 뒤로는 보지 못했으니. 문득 그 백여 일의 하루하루가 머릿속에 훅 스쳐 갔다.

독공에 들어간 채선은 아주 독했다.
신재효는 애초에 수련 방 끝에 마련해 둔 토방을 독공하는 데 쓰라고 내줄 참이었다. 아무래도 여자고 어리기 때문에 그게 나을 것 같았다. 하지만 채선은 기어코 별채 끝머리에 파 놓은 토굴로 들어갔다.

그 토굴에서 하는 독공이 얼마나 고통스러운지 신재효는 알고 있었다.

'백 일 동안, 오로지 소리만 해야 한다. 아무것도 볼 수 없으며, 소리 외에는 어느 것도 생각해서는 안 된다. 하루 한 끼만 먹으며 잠깐 눈 붙이는 시간 외에는 끊임없이 소리만, 소리만······. 그러다가 스무날, 또 한 달 두 달이 지나면 머릿속은 하얀 백지장처럼 텅 비어 버리고, 목청 외에는 온몸이 굳어 버린다. 이러다가 죽는 건가, 하는 생각이 들 틈도 없이 까무러치기를 여러 번. 깨어나면 또 미친 듯이 소리를 하고, 그러다 보면 내가 소리를 하는 건지 소리가 내 입을 억지로 벌려 대는 건지 알 수가 없다. 그쯤 되면 육신은 사라지고 소리만 남은 것 같은 기분이 든다. 그래서 소리만 더 해 대고 마침내 천천히 마음먹은 대로 소리가 나오기 시작한다. 그러나 아뿔싸! 딱 그즈음에 목청이 찢어지고 기어코 피를 쏟는다. 하지만 멈춰서는 안 된다. 그 피를 어금니로 씹으며 핏물을 가득 물고서 또 소리를 해야 한다. 그래야 목청이 트이고 내가 소리의 주인이 된다······.'

그래서 백 일을 버티지 못하는 소리 광대들도 많았다. 그런데 채선은 백 일하고도 스무날을 더 버티며 소리를 해 댔다. 그만 토굴에서 나오라고 해도 막무가내였다.

"스승님, 이렇게 소리를 지르고도 제가 제 소리에 만족하지 못하는데, 어찌 제 발로 이 토굴에서 나간단 말입니까? 아니, 내가 소리를 하는데 소리가 저를 나무랍니다. 고작 그것밖에 못하느냐고. 그런데 어찌 나가겠습니까?"

그렇게 헛소리인지 제정신으로 내는 소리인지 알 수 없는 말을 하면서 채선은 몇 날을 더 버티다가 까무러쳤다. 어쩌면 채선은 김세종이 끌어내지 않았으면 몇 날 며칠이고 소리를 더 했을 것이었다.

행랑아범의 등에 업혀 나온 채선의 얼굴은 백지장처럼 희었고, 온몸은 뼈만 앙상하게 남아 있었다. 입가에는 핏자국이 선명했다. 그런데도 채선은 혼절한 채 〈춘향가〉의 한 대목을 주절거렸다.

채선은 나흘 동안이나 잠들었다 깨어나기를 반복하며 닷새 만에 정신을 차렸다. 그때 신재효는 채선을 꾸짖었다.

"내가 목청을 다듬으라고 했지, 어찌 목숨을 걸라고 했느냐?"

그러자 채선은 서너 번 눈을 깜빡이다가 갈라진 목소리로 띄엄띄엄 말을 내어 놓았다.

"스승님, 살고자 그리……한 것입니다. 소리를…… 소리를 제대로 하지 못하면…… 조선의 천대받는 여인네로 살아야 하는데…… 누구나 함부로 대해도 되는…… 그렇게 살 수는 없…….''

신재효는 채선의 말을 끊었다. 더 듣고 있다가는 가슴속에서 치밀어 오르는 무언가를 바깥으로 쏟아 낼 것 같아서였다.

"시끄럽구나. 그래도 몸은 살펴야지! 이제 되었으니 입 다물거라! 그러다가는 정말로 목을 쓸 수 없을지도 모른다."

신재효는 투박하게 말했다. 하지만 속으로는 '채선아, 조금만 더 버티거라!'라고 외치고 있었다.

채선은 입을 닫고 신재효가 묻는 말에 고개만 끄덕였다.

그날을 생각하면 신재효는 가슴 덜컥 내려앉곤 했다.
수련 방을 열고 들어가자 채선이 방 한쪽 소반 앞에 다소곳하게 앉아 있었다.
"무얼 하고 있었느냐? 쉴 때는 누워서 편히 쉬는 게 좋은데……."
솔직히 마음속으로는 채선이 얼른 회복했으면, 하는 바람이었다. 다행히 얼굴에 핏기가 돌았다. 토굴에서 나왔을 때에 비해서는 사람의 모양새를 하고 있었다.
"천자문을 읽고 있었습니다."
며칠 전까지만 해도 갈라지고 찢어지던 목소리도 많이 가신 듯했다. 신재효는 공연히 기분이 좋아져 자신도 모르게 서책을 내밀었다.
"자, 이걸 보겠느냐? 언문으로 썼으니 쉬이 읽을 수 있을 게다. 〈춘향가〉이니라. 네가 부르기 쉽게 다시 써 보았다."
채선은 서책을 받아 들고 훑어보더니 잠시 머뭇거리는 표정으로 신재효를 쳐다보았다.
"당장 하라는 건 아니다. 목이 좋아지면 차차 하면 된다. 그리고 네가 이것으로 〈춘향가〉를 처음부터 끝까지 다 부를 수 있다면 수련을 막 시작한 소리 광대나, 혹시 다른 여자 소리 광대에게도 시켜 볼까 한다. 어떠냐? 해 보겠느냐?"
"……."
"한가위가 꼭 한 달하고도 보름쯤 남았다. 그날 고부 군수가 백성들을 위로한다고 소리판을 벌인다는구나. 너를 데려갈 것이다. 이것으로

〈춘향가〉를 완창해 보거라! 김 명창이 잘 가르쳐 줄 게다."

"선생님, 그런 말씀은 처음 듣습니다. 너무 급하지 않겠습니까?"

채선 대신 김세종이 나서서 말했다.

"아니오. 채선이라면 해낼 것이오. 또한 개작한 이 〈춘향가〉에는 무리하게 소리를 내야 할 부분을 많이 줄였으니, 우선 김 명창이 한번 해 보고 채선에게도 가르쳐 주면 될 것이오. 아니 그러냐?"

그 말에 김세종은 더 이상 말을 꺼내지 못했지만 썩 내키지 않는다는 얼굴이었다. 성급하다는 생각을 하고 있는 듯했다. 신재효도 그런 생각이 없지 않았다. 하지만 신재효는 할 것이라 믿었다. 채선이라면, 뿐만 아니라 신재효 자신을 위해서도 꼭 해야 했다.

그래서 신재효는 내친김에 한마디 더했다.

"그리고 이거 받아라!"

신재효는 손에 쥐고 있던 부채를 채선 앞에 내놓았다.

"이게 무엇입니까?"

"너에게는 무엇으로 보이느냐?"

"부채 아닙니까?"

"그렇다. 하지만 소리 광대에게 부채는 그냥 부채가 아니니라."

"……"

"춘향이가 매를 맞을 때는 곤장이고, 흥부가 박을 탈 때는 톱이니라. 또한 〈적벽가〉를 한다면 관운장의 기다란 청룡도가 되느니라. 무슨 말인지 알겠느냐?"

"알겠습니다. 하온데 이걸 어찌 저에게 주시는지요?"

"선생님, 이것은 전라 감사에게 선물로 받은 것이지 않습니까? 이것을 이 아이에게 주시려는 것입니까?"

하긴 그러했다. 몇 년 전 혹독한 가뭄이 들었을 때, 동리정사의 곳간을 열어 백성들에게 쌀을 나누어 준 적이 있었다. 그때 전라 감사가 고맙다며 친히 보낸 선물이었다. 농선지*를 두 겹으로 발라 두루미를 그리고 테두리를 비단으로 장식한 값나가는 부채였다.

"귀하면 뭐하겠소? 소리꾼도 아닌 내가 가지고 있는 것보다 이걸 귀하게 쓸 소리꾼이 가지고 있는 게 낫지 않겠소?"

"혹 너름새**를 말씀하시는 것입니까?"

신재효는 고개를 끄덕였다. 그리고 채선을 향해 말했다.

"소리꾼이 갖추어야 할 마지막 조건이 바로 너름새니라. 소리를 듣는 관객들을 더 웃고 더 울게 만드는 것이 바로 너름새인데, 너름새의 시작이 바로 이 부채 끝에서 나오느니라."

"저, 저는 모르고 있었습니다."

"너도 이곳에 처음 왔을 때 부채를 들고 소리를 하지 않았느냐?"

"남들도 그렇게 하길래······."

채선이 얼굴을 붉히며 더듬거렸다.

"그래, 이제 알겠느냐? 흉내를 낸다고 모두 소리꾼이 되는 것이 아니

---

* 부채 만드는 종이.
** 소리꾼이 하는 몸짓이나 춤 동작 같은 것.

니라."

"알겠습니다. 하온데 방금 전 소리꾼이 갖추어야 할 마지막 조건이라 하셨는데, 다른 조건은…… 또 무엇을 익혀야 하는지요?"

"나머지는 익혔느니라."

"네?"

채선은 놀라 눈을 동그랗게 떴다. 그때 김세종이 나섰다.

"첫째는 인물, 둘째는 사설, 셋째는 득음이니라! 일전에도 선생님께서 말씀하셨지 않았느냐?"

"그, 그럼 선생님께서 그냥 시키신 것이 아니란 말씀이십니까?"

"이제 알겠느냐? 소리꾼이란 그 조건을 갖추지 않으면 완벽하게 소리를 해낼 수 없느니라."

"알겠습니다, 스승님."

채선은 파리한 얼굴을 숙이고 고개를 끄덕였다. 그런 중에도 채선은 주먹을 꼭 쥐고 있었다.

돌아오지 않는
소리꾼

 여느 해보다 늦은 추석이 지나고, 그로부터 또 달포가 훌쩍 넘어가자 동리정사 건너편 산마루가 붉게 물들기 시작했다. 관아의 현감이 신재효를 급히 찾았다. 현감은 아주 비장한 표정으로 말했다.

 "내년 봄에 경복궁 낙성식이 있을 모양이오. 한데 대원위* 대감께서 아주 성대한 잔치를 열 터이니 여기에 팔도의 명창을 불러올리라는 명을 내리셨소."

 "명창을요?"

 "그렇소. 아무튼 동리 선생 덕분에 우리 고을이 소리로 널리 알려졌소. 그래서 다른 고을보다 신경 써서 명창을 올려 보내야 할 텐데, 누구를 보내면 좋겠소?"

 현감은 마음에도 없는 칭찬을 늘어놓더니 그렇게 물었다. 신재효는

---

* '흥선 대원군'을 높여 이르는 말.

시간을 달라고 말한 뒤, 얼른 돌아와 김세종을 불렀다.

솔직히 가장 먼저 떠오른 소리 광대는 이날치와 정창업이었다. 하지만 신재효는 그들만으로 무언가 부족하다는 생각이 들었다. 그리고 그 생각과 거의 동시에 신재효는 자신도 놀랄 만한 말을 입 밖에 내놓고 말았다.

"채선을 보냅시다."

그 말에 김세종의 얼굴이 금세 희어졌다.

"선생님, 지금 무어라 하셨습니까? 채선을 보내시겠다고요? 설마 농을 하시는 건 아니실 테지요?"

신재효는 거침없이 말했다.

"정창업을 함께 보내고 김 명창도 함께 가면 되지 않겠소?"

"선생님……."

"채선에게 〈춘향가〉와 〈방아타령〉을 가르쳐 주시오. 아, 〈성조가〉도 좋겠소. 낙성식을 하는 자리이니!"

"선생님, 경회루는 고창 관아와 같은 곳이 아닙니다. 궁궐 안이고 더구나 임금까지 지켜본다고 하지 않았습니까? 그런데 채선이라니요?"

"채선은 득음한 뒤로 여러 곳을 다니면서 충분히 그 재능을 인정받지 않았소? 그건 스승인 김 명창이 더 잘 알 것 아니오?"

그건 틀린 말이 아니었다. 채선은 목이 좋아진 뒤로 고창을 시작으로 가깝게는 정읍, 멀게는 광주 땅까지 가서 소리를 했고, 사람들도 좋아했다. 물론 개중에는 양반들이 끼어들어 '여자 소리꾼이라니! 보기 흉하오!' 하는 사람들이 없지는 않았지만 채선의 소리 재주까지 깎아내리지는 못하였다. 비록 짧게 줄인 것이긴 하지만 〈춘향가〉를 완창하자 혀를 내두르는 사람도 있었다.

그래서 신재효도 자신감이 생긴 거였다.

"하지만 한양에서 더구나 서슬 퍼런 대원위 대감이 지켜보는 데서 여자 소리 광대를 내놓는다는 건 몹시 위험한 일입니다."

틀린 말은 아니었다. 하지만 신재효는 그럴수록 묘한 자신감이 생겨났다.

"그래서 더욱 채선을 보내고 싶은 것이오!"

"선생님, 채선에 대한 배려가 깊다는 것은 알겠사오나⋯⋯."

"김 명창, 채선에 대한 배려에서가 아니라오."

"그럼 어찌 그런 무모한 일을 벌이시려는 건지요?"

김세종의 얼굴은 어두웠고, 근심이 가득해 보였다. 물론 김세종의 걱정을 모르는 것은 아니었다. 하지만 신재효는 오히려 더 좋은 기회라는 생각이 들었다. 여자 소리 광대도 이만큼 해낼 수 있다는 걸 인정받을 수 있다면? 여자는 소리를 해서는 안 된다는 그릇된 생각을 엎어 버릴 수 있다면?

신재효는 자신도 모르게 주먹을 꽉 쥐었다.

'그렇다! 그게 내가 세상에 외치려는 것이다. 재물이나 탐내는 허울 좋은 양반들 보란 듯이 소리로 새로운 세상을 만들어 보이겠다는 것이다. 채선에게도 내게도 꼭 필요한 일이 아니겠는가?'

103

"김 명창, 동리정사를 열었을 때도 많은 사람들이 무모한 짓이라 했소. 그까짓 소리 광대 따위를……. 아, 이 말은 김 명창을 두고 하는 말이 아니니, 마음 상해하지 마시오."

"알고 있습니다."

"사람들은 소리 광대들을 먹여 주고 재워 주고 하는 데에 재산을 날린다고 비웃었소. 그런데도 내가 구태여 동리정사를 짓고 소리 광대를 불러들인 이유가 무엇인지 아시오?"

"……."

"그들의 재주를 통해 그릇된 생각으로 가득 차 있는 세상을 희롱하려는 게 다가 아니라오. 소리에 우리 백성들의 온갖 시름을 담아 세상에 알리고, 함께 고민하고자 함이오. 또한 양반들 앞에서 소리를 하는 것은 그들을 꾸짖기 위함이라오."

"하지만 채선의 경우는 다르지 않습니까? 그 아이는 여자입니다."

"채선이 처음 내게 했던 말을 기억하오? 여자 소리 광대가 없다면, 자신이 첫 여자 소리 광대가 되겠다고 했지 않소. 그때 나는 그런 생각이 들었소. 남들이 하지 않는 일이 비록 위험할지는 모르나, 올바른 생각을 담고 있다면 틀림없이 가치 있는 일일 것이라고 말이오."

"……."

"채선은 잘 해낼 것이오. 무엇보다 김 명창의 제자가 아니오? 채선보다 나는 김 명창을 믿소."

"선생님!"

　김세종의 눈빛이 파르르 떨렸다. 신재효는 그 앞에 〈방아타령〉을 내밀었다.

　"일전에 〈춘향가〉처럼 내가 새로이 만들어 정리한 것이오. 〈춘향가〉와 함께 이걸 한번 채선에게 시켜 보시오. 곁에서 지켜본 대로라면 잘 해낼 것이오. 아직 여섯 달이나 남았으니, 충분히 익히고도 남을 것이오."

　서책을 집어 든 김세종은 한 장씩 넘기며 꼼꼼하게 읽었다. 그러고 난 다음 신재효를 마주 보았다. 김세종의 눈빛은 더 이상 흔들리지 않았다.

여섯 달은 금세 지나갔다.

채선은 처음엔 갈 수 없다고 버티다가 신재효의 진심을 알고는 더 이상 고집을 부리지 않았다. 오히려 밤낮으로 연습했고, 신재효나 김세종의 가르침을 단 하나라도 놓치지 않으려고 애썼다. 그러느라 여섯 달은 오히려 짧기만 했다.

"선생님의 가르침을 잊지 않겠습니다."

한양으로 떠나던 날, 채선은 그 말을 하고는 큰절을 했다. 왠지 신재효는 허전하고 쓸쓸했지만, 겉으로는 담담하게 배웅했다.

그 뒤로 보름이 지나고, 한 달이 훌쩍 지나 버렸다. 그리고 또 한 달이 그냥 흘러갔지만, 어찌 된 일인지 아무도 돌아오지 않았다. 김세종도 정창업과 이날치도. 또한 함께 간 채선도.

'하긴 한양 길이 하루 이틀 거리도 아니고……. 게다가 궁궐 구경이라도 하고 오려면?'

그렇게 스스로를 다독이며 하루하루를 보냈다. 밤이면 걱정이 더 깊어져서 자꾸만 채선이 꿈에 보였다.

"알겠느냐? 이 〈춘향가〉 대목은 예민하고 날카롭게 맺어 끊는 목소리(끊는목)보다는 사뿐사뿐 멋지게 엮어 내는 소리(엮는목)가 더 어울릴 것이야. 한번 따라 해 보거라."

    이때, 호방이 눈치가 있어 사또님의 비유를 맞추기 위해
    넉짜 화두로 불러들이는데,

뒷동산에 대를 심었더니, 매두매두 죽심이 왔느냐?

"예에, 여기 대령하였소."

아들을 날까 바라고 또 바랐는데 딸을 낳았고, 섭섭하니 섭섭이 왔느냐?

"예, 여기 대령하였소."

이산 명옥이 저산 명옥이, 둘 모두 왔느냐?

"예! 모두 왔소이다!"

바람아 탱탱 불지마라 낙랑장송 취행이 왔느냐?

"예, 대령하였소!"

마치 제가 소리꾼이라도 된 양 신재효는 〈춘향가〉의 한 대목을 부르다가 잠이 깼다.

먹을 뿌린 듯 창이 어두웠다. 신재효는 일어나 앉았다. 방금 전까지 꿈결에 몇 번이나 되뇌던 가락을 또다시 입 밖으로 중얼거렸다.

'진양조로 불러야 하는 대목을 공연히 중중모리로 부르는 건 아니겠지? 기생들을 하나씩 불러들일 때는 중중모리여야 하는데…….'

그러다가 신재효는 혼자 피식 웃고 말았다. 그리고 고개를 가로저었.

'아니지, 아니지! 채선이도 이제는 어엿한 소리 광대 아닌가? 그토록 수많은 연습을 했고, 많은 사람들에게도 인정을 받지 않았던가. 고창은 물론 인근 순창이며 멀리 목포까지 가서 소리를 했을 때에도 사람들이 칭찬만 하지 않았던가? 아무렴!'

이번에는 고개를 끄덕였다.

신재효는 일어나 사랑채를 열고 나왔다.

한참을 서 있었다. 저 멀리 동녘부터 푸른빛이 돌며 밝아지기 시작했다. 그리고 이윽고 햇살이 비추는 듯하더니, 파란 하늘이 드러났다.

또다시 봄이 지났고, 어느새 멀리 보이는 산은 푸른빛이 깊어지고 있었다.

하긴 걱정은 채선이 사설을 잘할까, 하는 데 있지 않은지도 몰랐다. 어쩌면 김세종의 말대로 아예 채선을 보내지 말았어야 하는 것인지도 모를 일이었다.

그런 생각에 이르자 문득 신재효는 가슴이 덜컹 내려앉았다.

'설마 잘못되어서 아직도 돌아오지 않고 있는 걸까? 예정대로라면 벌써 돌아왔어야 하는 거 아닌가? 어찌 소식이 없는 걸까? 김세종은 왜 또?'

어쩌면 사단이 났는지 모른다. 그렇다면 곧 고창 관아에서 들이닥칠 것이고 동리정사를 들쑤신 다음, 오라에 묶어 데려가겠지? 신재효는 마침내 거기까지 생각이 미쳤다. 그러자 두어 달 전, 수심 가득한 얼굴로 조심스레 말했던 김세종의 목소리가 되살아났다.

"채선을 보냈다가 무슨 화를 당할지 염려될 따름입니다."

설마....... 신재효는 고개를 저었다. 하지만 불안감이 온몸을 감싸 안았다. 낼모레면 여름에 들어선다는 입하였지만 몸이 으스스 떨렸다.

"나리, 어찌 이렇게 일찍 기침하셨습니까?"

언제 나타났는지 마당을 쓸던 행랑아범이 알은체를 했다.

"아, 행랑아범도 일찍 일어났소? 참, 엊그제 온 손님들은 잘 먹여 보냈소?"

"그 부랑자들 말씀이지요? 어젯밤에 슬그머니 떠났습니다. 하온데…….."

무슨 말을 하려는지 행랑아범이 더듬거렸다.

"왜 할 말이라도 있소?"

"나리! 당분간 동리정사의 문을 닫으십시오."

"닫으라니? 그게 무슨 소리요?"

"작년인가, 한양에서 천주학쟁이들이 크게 다쳤다고 하지 않았습니까?"

"그 이야기는 나도 들었소. 천주학을 믿는 사람들이 수천 명이 죽었다고 하던데……. 그런데 그게 왜요?"

"그때 도망친 사람들이 이쪽까지 숨어들었다는 소문이 있습니다. 혹시라도 동리정사에 아무나 들이셨다가 잘못되기라도 하면 큰일이잖습니까?"

"괜찮소. 그것도 다 내 팔자 아니겠소?"

"지금 대원위 대감의 서슬이 워낙 시퍼렇답니다. 조금이라도 잘못 보이는 날에는 큰일 난다고 사람들이…….."

"글쎄! 내가 알아서 한다지 않소!"

신재효는 자신도 모르게 소리를 높였다. 대원위 대감이 어떻고 하는 말 때문에 신경이 곤두선 탓이었다.

행랑아범은 놀란 듯 몸을 움츠리더니 뒷걸음질을 쳤다. 그런데 그때였다. 뒷걸음질하는 행랑아범 뒤로 누군가 나타났다.

"아!"

김세종이었다. 그리고 옆에는 정창업이 서 있었다.

그런데 이상했다. 마땅히 그 뒤를 따르며 서 있어야 할 채선의 모습이 보이지 않았다. 신재효는 가슴이 철렁 내려앉았다.

"어찌 되었소? 무탈하게 잘 다녀왔소? 그래, 모두들 소리는 잘한 게요? 대원위 대감께서 흡족해하셨소?"

신재효는 다급히 물었다.

김세종은 사랑채에 들어와 앉은 뒤, 행랑아범이 내준 냉수를 한 사발 들이켜고는 겨우 입을 열기 시작했다.

"온갖 팔도의 명창들은 다 모였고, 세상에 가장 어여쁜 궁녀들은 다 불러 모은 듯했습니다. 고관대작은 물론이고 임금과 왕비께서도 납시셨는데, 처음엔 그 모습만 보고도 심장이 벌렁벌렁하여 입안에 침이 바싹 말랐답니다. 하지만 또 오래도록 수많은 청중 앞에서 갈고닦은 솜씨들이라 명창들이 저마다 제 소리를 하는데, 누구 하나 싫은 소리하는 것을 듣지 못했지요. 물론 채선도 그리하였습니다.

저는 채선이가 그리도 잘 해낼 줄은 몰랐습니다.

사람들이 어찌 생각할지 몰라 일단 남장을 시켰습니다. 하지만 그 미모가 어디 가겠습니까? 갓을 눌러썼는데도 그 고운 자태가 남달랐지요.

소리는 그 이상이었습니다.

어떤 소리는 새가 우짖는 소리 같기도 하고, 또 어떤 소리는 천둥 치는 듯해서 모인 사람들이 깜짝깜짝 놀라기도 했습니다. 그런가 하면 잔잔한 목소리를 낼 때는 한가을 귀뚜라미가 우는 소리 같기도 하고 소곤소곤 속삭이듯 감미로웠습니다. 그러다 또 문득 파도치듯 소리가 휘몰아치기도 했는데, 그럴 때는 제 등이 다 서늘했습니다.

통성은 말할 것도 없고, 언제 익혔는지 남자 소리 광대도 힘든 깎아 내리는 소리(깎는목)는 물론이고 입안에서 굴려 내는 소리(방울목)까지 못하는 게 없었지요. 사람들은 숨을 죽이며 듣다가도 함께 어깨를 들썩이고, 또 장단을 맞추기도 하는데, 채선은 그 많은 사람들을 들었다가 놓았다가 하였습니다.

더하여 진양조면 진양조, 자진모리면 자진모리! 사설의 내용에 맞는

빠르기와 박자를 짚어 내는 것이 얼마나 자연스러웠던지요. 게다가 붙이는 소리(더늠)까지 하더군요. 제가 가르친 것에만 따르지 않고, 소리를 할 때마다 저만의 목소리를 내보이니 누군들 안 좋아하였겠습니까? 얼핏 보니 대원위 대감은 물론이고 임금께서도 흡족하여 칭찬을 아끼지 않는 눈치였습니다.

그리고 마침내 〈성조가〉를 하는데…….

    팔만 장안 억만 가구
    복 있는 땅 골라내어
    이 터를 잡았으니
    북악은 억만 봉이요
    남산은 천년 산이라
    청룡은 왕십리요
    백호는 동구재라
    한강수는 만년수이니, 천세요 만세로다
    우리 성군 위대하니 만만세로다

이때 대원위 대감께서 친히 먼저 손뼉을 치시더이다. 임금도 질세라 웃으셨지요. 그러더니 임금께서 스승이 누구냐고 물었습니다. 이에 채선이 소리로 화답했습니다.

고창거리 흥문거리

투츈나무 무지개 안

시내우에 정자 짓고

정자 끝에 포도시렁

포도 끝에 연못이라

성씨는 평산 신씨요,

이실 재(在), 효도 효(孝)는 창적의 합자이요

일백 백(百) 근원 원(源)은 친구 간의 자호로다

뜰 앞의 벽오동은

임신(壬申)생과 동갑이요.

이호는 동리(洞里)오니

너도 공부하랴 하면

가끔가끔 찾아오소

그러자 감탄을 한 임금께서 채선의 오른팔에 금 토시를 하사하셨지요. 또한 곧 선생님께도 이리 훌륭한 명창을 키워 낸 공로로 큰 벼슬을 내리신다 하셨습니다.

그런데 사람들이 더 놀란 건, 채선이 여자 소리 광대라는 걸 안 뒤였지요. 남복을 벗고 여자 소리 광대라는 걸 알리니 기겁을 해서 넘어가는 양반도 있고, 대원위 대감 또한 기가 막혀 말을 못하더이다.

그런데 문제는…… 문제는 그다음이었어요. 연회가 모두 끝나고 돌아

가려는데 상선 영감이 달려와 하는 말이, '대원위 대감께서 채선을 따로 보자신다'라는 겁니다. 저는 한두 시진이면 될 줄 알았지요. 상이라도 내리시려나 했습니다.

하지만 밤이 이슥하도록 채선은 궁궐에서 나오지 않았습니다. 다음 날도, 그 다음 날도. 결국 열흘이 지나서야 궁궐로 달려가 그 까닭을 물었더니, 대원위 대감과 임금께서 '곁에 두고 오래도록 소리를 듣고 싶어 한다'는 것이었지요. 임금께서도 그러고 싶다, 말씀하셨다고.

그러더니 저보고 돌아가라 하시면서 곧 기별을 주겠노라고 하였습니다."

신재효는 밤이 깊도록 김세종의 말에 귀를 기울였다. 그러는 동안 소리하는 채선을 떠올리며 주먹을 꼭 쥐기도 했고, '옳지! 역시 잘했구나!' 생각하며 안도의 숨을 내쉬기도 했다. 스승을 소개하는 소리를 했다는 말에는 눈물이 쏟아질 뻔했다. 뿌듯했고, 채선에게 고마웠다. 앞에 있었다면 손을 잡고 어깨라도 두드려 주고 싶었다.

'이제 네가 대원위 대감께서도 인정하는 명창이 되었구나!'

그 말을 꼭 해 주고 싶었다.

하지만 김세종의 말대로, 문제는 채선이 돌아오지 않았다는 것이었다. 신재효는 가슴이 먹먹했다. 머릿속이 하얘지는 기분이었다.

도리화가

 어떤 이는 부들부채를 들고 주안상 귀퉁이를 툭툭 때리며 장단을 맞추었다. 또 하나는 가끔 장단을 멈추고 이맛살을 찌푸렸다. 그 옆에 앉은 이는 어떤 구절에 이르자 소리 광대의 소리를 따라 흥얼거리기도 했다. 그들 중에서는 일전에 호통을 치고 간 황 진사도 끼어 있었다.
 "무엇보다 판소리란 게 세상의 선한 일을 권하고, 악한 일을 벌한다는 내용이 백성들에게 유익하니 그 뜻을 이어 가는 것이 마땅하다 생각되오."
 황 진사의 오른쪽에 앉은 양반이 입을 열었다. 임실 현감을 했던 사람이라 했고, 황 진사와는 먼 인척 지간이라 했다. 딴에는 점잖게 말하고 있는데 한쪽 눈 밑의 큰 사마귀가 자꾸 꿈틀거려서 신재효는 웃음이 나오려 했다.
 "그렇더라도 광대들이 뜻을 제대로 전달하지 못하면 알아듣기 어렵소. 아까 들은 〈적벽가〉 말이오. 뒤쪽으로 갈수록 무슨 말을 하는지 신경을 곤두세우고 들어야 한단 말이오. 이렇게 조용한 곳에서 들을 때도 그러한데, 사람이 많은 곳에서 듣는다 치면 더하지 않겠소?"

웃음을 참고 있는데, 자꾸만 이맛살을 찌푸리던 양반이 말했다. 신재효는 고개를 끄덕였다. 아마 목포에서 올라온 김 총각의 소리를 두고 하는 말인 듯했다. 무슨 뜻인지 알 것 같았다.

그때, 황 진사가 한마디 던졌다.

"한마디 더하면, 글을 제대로 배우지 못했기 때문이지 않겠소? 그러니 무식하단 소리를 듣는 게요."

황 진사의 말에는 가시가 있었다. 신재효는 얼굴이 화끈거렸지만 마음을 가라앉히고 차분히 대답했다.
  "그래서 광대들에게 문자도 가르치고 그 글자에 담긴 뜻도 설명해 주고는 있습니다. 아직 글자를 깨치지 못한 광대들은 들은 대로 부정확하게 웅얼거리는 경우도 있지요."
  피하고 변명할 이유가 없었다. 그래도 소리를 좀 들을 줄 알고 이해해 주는 양반들을 일부러 부른 것은 바로 그런 질책을 듣고자 함이었다. 그래서 소리를 듣고 꾸짖어 달라고 신신당부도 했었다. 그러니 듣기에 거북해도 참아야 했다.

"하나 더 있소. 광대들의 손짓 말이오. 아무렇게나 해 대는 것 같아 어지럽기만 하오. 광대들마다 다르긴 하지만 공연히 눈알을 굴리질 않나, 소리에 맞지 않는 몸짓을 하기도 하니 꼴이 사납소."

"어떤 광대는 한쪽만 쳐다보며 소리를 하던데, 그것도 고쳐야 하오. 모름지기 판소리란 게 듣는 이들과 함께 어우러져야 하거늘, 저 혼자 소리만 질러 대면 어쩌란 말이오?"

광대들의 소리를 따라 흥얼거리던 양반이 한마디 뱉자, 뒤이어 또다시 황 진사가 따끔하게 말했다.

"어때요? 김 명창이 듣기에도 옳은 말이지요?"

신재효는 양반들을 문밖까지 배웅하고 그들의 뒷모습을 보면서 말했다. 그러나 옆에 바짝 붙어 선 김세종은 아무런 대꾸도 하지 않았다.

"왜 대답이 없소? 저들이 양반이라서 마땅치가 않아서 그렇소?"

"엊그제 왔던 정읍 현감께서도 비슷한 말씀을 하셨습니다."

"나도 기억하고 있소."

"이레 전에 찾아오셨던 장성 부사도 그러셨고요."

"맞소. 그러니 얼른 소리 광대들에게……."

"제 말은 그게 아니라, 이제 그만해도 되지 않을까 싶어서 드리는 말씀입니다."

"그만두다니요?"

"이제 좀 쉬셔야 합니다. 이미 건강이 많이 나빠지셨습니다. 하루도

쉼 없이 이러시다가는 몸이 크게 상하십니다."

신재효는 할 말이 없었다. 김세종이 그런 말을 하는 게 이해되었다.

벌써 다섯 달이 넘었다. 신재효는 밤낮으로 소리꾼들을 다시 가르쳤다. 소리할 때마다 동작과 태도를 다듬어 주고, 정확하게 발음을 하도록 일러 주었고, 글자도 가르쳤다. 틈틈이 소리에 대해 아주 잘 아는 양반을 한둘씩 데려와 동리정사 소리꾼들의 문제가 무언지 말해 달라고 청하기 위해서였다. 그런 뒤에 고쳐 나갈 생각이었다. 그래야만 판소리가, 못 배운 광대들이 한낱 지껄이는 소리가 아닌 아름답고 의미 있는 예술이 될 거라 믿었기 때문이었다.

그래서 쉴 틈이 없었다.

하지만 세 달을 그러고 났더니 조금만 걸어도 숨이 찼고, 입맛을 잃어 끼니도 거르기 일쑤였다. 현기증이 잦았고, 비 오듯 식은땀을 흘리더니 기어코 달포 전에는 정신을 잃었다가 반나절 만에 깨어나기도 했다. 그때 의원이 꾸짖듯 말했다.

"그동안 쉴 새 없이 일하느라 기력이 쇠해진 것입니다. 몇 달쯤 요양을 하시는 게 좋을 듯합니다."

그래서 의원의 충고대로 동리정사는 김세종에게 맡기고 몇 달 쯤, 가까운 선운사에 가서 쉴까도 생각했다. 하지만 엄살을 떠는가 싶어서 그만두었다.

신재효는 양반들의 뒷모습이 완전히 사라진 뒤에야 등을 돌렸다.

"채선이 때문입니까? 그 아이가 걱정되어서 그런 것입니까?"

들쭉나무 아래를 막 지나자 뒤에 따라오던 김세종이 물었다. 신재효는 우뚝 멈추어 섰다. 그러고는 길게 한숨을 내쉬었다.

"별수 없지 않소? 임금께서 허락하기 전에는 돌아올 수 없는 것 아니오?"

"……."

"난 그 아이를 믿소. 처음 이곳에 왔을 때, 그 당당하고도 야무진 모습을 김 명창도 보지 않았소?"

신재효는 일부러 강조하듯 말했다.

물론 채선이 걱정되기는 했다. 경복궁으로 떠난 지 벌써 일 년하고도 여섯 달이 더 지나지 않았던가. 그동안 채선에 대한 소식이라곤 고작 열댓 줄도 안 되는 편지 한통이 전부였다. 내용도 잘 지내고 있으니 염려할 필요 없다는 말, 궁궐 생활이 조금 불편하기는 하지만 사람들이 잘 챙겨 주어서 건강하다는 말이 고작이었다.

신재효는 걱정할 필요가 없다고, 스스로를 다독거렸다.

'이제 임금님이 인정하는 명창이 되었으니, 그만하면 그 아이가 원했던 꿈을 이룬 게 아닌가?'

그리 생각하니 한편으로는 기특하기도 했다. 또한 신재효 자신에게도 크나큰 위안이 되었다. 임금님도 귀하게 어기는 여자 소리 광대를 만들어 냈다는 것만으로도 뿌듯한 일이 아니던가. 지금은 비록 대원위 대감과 임금님을 위해 궁궐에서만 소리를 하고 있지만, 언젠가는 세상에 더 많이 알려질 것이라 생각하니 그동안의 고된 일들이 한꺼번에 사라지는 것 같았다.

그래서 오히려 이제는 떠날 때의 얼굴도 가물가물해진 채선에게 나지막이 혼잣말을 해 보곤 했다.

'채선아! 너로 인해 하찮게 생각했던 판소리가 더 귀하게 여겨질 것이며, 보잘것없다고 핍박받던 여자들에게도 희망이 생길 것이다! 그러니 더욱 목소리를 가다듬어 어디에서든 훌륭한 소리를 하거라!'

신재효는 마치 채선이 바로 앞에 있기라도 한 것처럼 고개를 끄덕였다.

김세종이 다시 입을 열었다.

"그런데 어찌 이리 자꾸만 일을 만들고 계십니까?"

"무슨 말이오?"

"마음이 놓이신다면, 몸을 편히 하셔야 하는데 쉼 없이 일하고 계시니 말입니다."

"내가 지금 무리하면서 하는 일이 채선에 대한 고민을 잊고자 하는 일이란 게요?"

"제가 보기엔 그렇습니다. 정 걱정이 되시면 사람을 사서라도 알아보시는 게 좋지 않겠습니까?"

"내가 왜 그런 생각을 하지 않았겠소? 하지만 그런다고 뭐가 달라지겠소? 양반이 기침만 해도 우리 같은 중인들은 감기가 걸리는 세상이오. 더구나 궁궐에 간 채선을 내가 어찌하겠소?"

신재효는 믿는 구석이 있었다. 그것은 대원위 대감이 지극히 소리를 아끼는 사람이라는 것, 그처럼 예를 위하는 사람은 절대로 예인을 홀대

하지 않는다는 것이었다. 실제로 대원위 대감은 소리뿐 아니라 시와 그림도 좋아하여 예인으로서의 기질이 다분하다는 소문이 자자했다.

하지만 김세종은 못 미더운지 고개를 갸웃거렸다. 신재효는 한마디 더했다.

"나는 아까 그 양반들이 하는 말처럼 소리를 천인들이 제멋대로 지껄이는 노래가 아닌, 예의와 격식을 갖춘 예술로 만들 것이오. 그리하면 그 누구도 소리에 대해 함부로 말하지 못할 것 아니겠소?"

"……"

"그러기 위해서는 먼저 우리 소리꾼들이 그런 품격 있는 예인이 되어야 한단 말이오."

"선생님!"

"김 명창과 나는 채선을 조선 최초의 여자 소리 광대로 만들지 않았소?"

"그럼, 얼마 전부터 밤마다 끊임없이 쓰시는 건 무엇입니까?"

"사설이오. 사설을 정리하는 중이오."

"사설이라 함은, 일전에 정리해서 보여 주셨던 〈춘향가〉와 같은?"

"그렇소. 〈춘향가〉는 남창과 동창을 따로 쓰고, 나머지 〈심청가〉, 〈토별가〉, 〈박타령〉, 〈적벽가〉, 〈변강쇠가〉까지 모두 소리로 하기 쉽도록 정확하게 책으로 쓸 것이오. 훗날 소리 광대들이 그것을 보고 바른 소리를 할 수 있게 말이오."

김세종은 고개를 끄덕였다.

"그래도 오늘은 그만하시고 눈 좀 붙이시지요. 어제도 그제도 밤새도록 불이 켜 있었다고 행랑아범이 그러더군요."

"행랑아범에게 나를 감시하라 하신 게요?"

"선생님, 그런 게 아니오라……."

"하하! 농담이오. 나는 걱정 말고, 김 명창은 부지런히 소리꾼들 가르치면서 글자도 익히게 도와주시오. 나는 사설 말고도 할 게 또 있으니 당분간은 좀 견뎌야 할 성싶소."

"다른 일이라면 또 무슨 일을 말씀하시는 것입니까?"

"그런 게 있소. 나중에 알려 드리리다!"

그렇게 말하고 신재효는 사랑채로 들어갔다. 그 모습을 김세종은 멍하니 쳐다보고 있었다.

밤이 깊었다. 잠깐 문을 열어 보니, 반달이 구름에 걸려 있었다. 반쪽뿐인데도 앞마당이 훤했다. 그때 떠오른 게 하필이면 희디흰 채선의 얼굴이었다. 그 모습이 떠오르자 신재효는 문득 작은 소리로 말했다.

"고맙구나, 채선아! 너는 네 꿈을 이루기도 했지만, 그럼으로써 내 꿈을 네가 보여 주었다. 다만……."

신재효는 문득 말을 멈추었다. 고개를 젓고 다시 문을 닫았다. 책상 앞에 앉아 먹부터 갈았다.

'채선이, 잘 있느냐? 어느새 일 년도 훌쩍 지나고…….'

붓을 들고 편지를 쓰려다가 신재효는 곧 종이를 구겨 버렸다. 새 종이

　를 올려놓았고, 다시 썼다.

　'오랜만에 소식을 전하는구나. 궁에서의 생활은 견디기 어렵지 않은지 모르겠…….'

　신재효는 이번에도 종이를 구겨 버렸다. 그리고 새 종이를 책상 위에 올려놓았다. 하지만 이번에는 뭐라고 써 나가지 못했다. 붓을 들고 오래도록 머뭇거렸다. 그러는 바람에 붓 끝에 고인 먹물이 흰 종이 위에 떨어졌다. 까만 점이 만들어지더니 금세 번져 나갔다.

　신재효는 붓을 벼루 위에 내려놓았다. 그리고 일어나 다시 바깥으로

나왔다. 신을 신고 마당에 서서 먼 산을 바라보았다. 검은 그림자만 보일 뿐이었다.

그런데 문득 담장 쪽의 복사꽃이 눈에 띄었다. 담장 따라 드문드문 심어진 복사꽃을 따라 신재효는 이끌리듯 걸어갔다.

한참 만에 아무도 없는 우물가에 이르렀다. 바로 거기서 신재효는 채선을 보았다. 오래전 어느 날 새벽, 홀로 우물가에 앉아 소리를 하던 그때의 모습. 바로 그 머리 위에서 피지도 않은 자두 꽃이 하늘거렸었지!

신재효는 한참 동안 그때 채선이 했던 소리를 기억해 냈다. 순간 무언가가 머릿속에 스쳐 지나갔다.

신재효는 얼른 사랑방으로 돌아와 책상 앞에 앉았다. 그리고 자신도 모르게 소리 한 자락을 지어 나갔다.

꽃 가운데 꽃이 피니 그 꽃이 무슨 꽃인가
웃음 웃고 말을 하니 수렴궁의 해어화인가
해어화 거동 보소 아리땁고 고울시고
구름 같은 머리털은 타마계 아닐런가
여덟 팔자 나비 눈썹 귀인의 그림인가

신재효는 새벽녘이 되어서야 붓을 내려놓았다.

그리고 또다시 중얼거렸다.

'고마운 네게 더 줄 것은 없고, 너를 위해 노래 한 자락 지었구나. 곱게 부르거라! 참, 이 노래를 부를 때는 예민하고 날카롭게 맺어 끊는 목소리보다는 사뿐사뿐 멋지게 엮어 내는 소리가 더 어울릴 것이야.'

그러고 나서 신재효는 제목을 〈도리화가〉라 써넣었다.

신재효는 여러 장에 적은 노랫가락 종이를 접고 접어 봉투에 넣었다. 그리고 막 동이 트는 바깥을 향해 소리쳤다.

"행랑아범! 어디에 있소? 한양으로 편지를 보내 주시오!"

눈꽃 너머
마지막 소리

 골짜기로 불어오는 찬 바람에 핫두루마기도 소용이 없었다. 몸을 움츠리고 돌려 세워도 바람은 두루마기 속을 헤치고 몸속으로 파고들었다. 그럴 때마다 온몸이 얼어붙는 듯하여 파르르 떨어야 했다. 이미 털버선 안으로 스며든 눈이 녹아 발바닥은 시린 감각조차 없었고, 연신 기침이 났다. 그래도 걸음을 멈출 수가 없었다.

 "쿨럭쿨럭!"

 그때마다 새 부리로 쪼아대듯 가슴이 아팠다. 그게 못내 안타까웠는지 서너 걸음 앞서가던 김세종이 걸음을 멈추고 되돌아왔다.

 "선생님, 괜찮으십니까? 지금이라도 발걸음을 돌리시지요."

 김세종이 어깨를 부축했다. 하지만 신재효는 손을 내저었다.

 "아니오. 다 온 길을 어찌 돌아간단 말이오?"

 무리라는 걸 모르는 바 아니었다. 몸은 채선에게 편지를 보낸 뒤부터

더욱 나빠졌다. 가을이 되면서 숨이 찬 정도가 더했고 고뿔도 잦았다. 그러다가 겨울바람이 불면서 몸살을 심하게 앓고 났더니 마을 고샅길 한 바퀴 걷는 데도 온몸에 식은땀이 났다.

 의원은 또 기력이 어떻고 하면서 '이러다 쓰러지십니다!'라고 연거푸 말했다. 김세종까지 나서서 얼굴빛이 안 좋다면서 '사설을 완성하는 일이 급하십니까? 몸부터 챙기셔야 합니다!' 했다. 하지만 신재효는 마음이 급했다. 몸이 예전 같지 않음을 누구보다 알고 있었기에.

 그러다 한 달 전 몸살이 들어 온몸이 불덩이처럼 뜨거워지더니 까무룩 정신을 놓고 말았다. 한동안은 몸이 쇳덩이 같아 자리에 누워 있어도 무거운 짐을 지고 있는 기분이었다. 기침은 또 얼마나 나오던지 피까지 쏟았다.

 비로소 몸을 털고 일어나 앉은 게 불과 닷새 전이었다. 아직은 잔기침이 남았고, 미열도 여전했지만 기어코 길을 나섰다.

 '마지막일 수도 있지 않은가!'

 그런 생각 때문이었다. 떠나던 날부터 급작스레 더 추워졌다. 이튿날에는 눈이 내려 온 천지가 하얗게 덮이고 발목까지 차올랐다. 하지만 멈출 수는 없었다.

 "어서 서두르세! 저 언덕 너머가 남원 땅이 아니던가?"

 기운을 내보자는 생각으로 신재효가 말했다. 그러자 옆에서 팔을 붙잡고 있던 김세종이 손아귀에 더 힘을 주었다.

 달포 전에 도착한 서신 한 장 때문이었다.

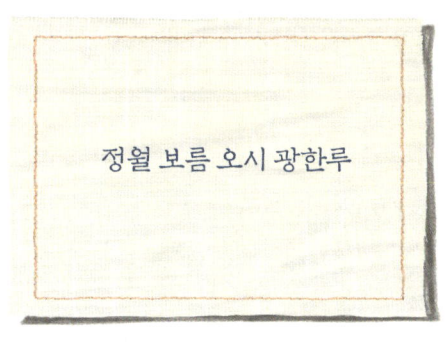

정월 보름 오시 광한루

〈도리화가〉를 지어 보내고 다섯 달 만에 온 서신이었다. 어찌하여 채선이 남원 땅까지 와서 소리를 하게 되었는지는 알 수 없으나, 꼭 한번 보고 싶었다. 고난을 이겨내고 수많은 사람들 앞에서 보란 듯이 소리를 하는 제자의 모습을.

신재효는 잰걸음을 더욱 재촉하며 양 발에 불끈 힘을 주었다. 하지만 오히려 그럴수록 발은 눈밭에 더 깊게 파묻히기만 했다.

그에 비해 시간은 빠르게 흘렀다. 언덕에 올랐을 즈음 땅거미가 내리고 있었다. 신재효는 더 이상 걸을 수가 없어서 주저앉고 말았다.

"드디어 다 왔구려!"

이튿날, 차가운 바람은 남원 땅 복잡한 거리에도 불었다. 사람들은 저마다 옷깃을 여미고 바삐 걸었다. 신재효는 김세종을 앞세우고 그 뒤를 부지런히 따랐다.

광한루로 이르는 길목에 들어서자 사람들이 더 많아졌다. 그것을 느

졌을 즈음, 멀리서 소리가 들려오기 시작했다.

"이, 이게 누군가?"

"목소리를 들어 보니 이날치 명창입니다."

얼결에 물은 말에 김세종이 대답했다.

"오오! 이 명창이 여기에 와 있구려! 오길 정말 잘했네. 암, 오길 잘했지. 반가운 얼굴들을 여럿 볼 수 있겠소. 어서 가십시다."

발길을 재촉했지만, 얼어버린 눈길 때문에 자꾸만 미끄러졌다. 그럴수록 신재효는 마음이 더 바빠지기만 했다.

광한루는 그야말로 인산인해였다. 꽉 들어찬 사람들로 발 디딜 틈이 없었다.

"웬일로 남원 땅에 팔도 명창이 다 모인답니까?"

"얼마 전에 남원 부사 영감이 개인 재산을 털어 궁궐을 새로 짓는데 돈을 보탰다고, 대원위 대감이 그걸 치하한다며 명창들을 보냈답니다."

"그럼, 오늘 누가 나오는 게요?"

"저 양반이 이날치 아니오? 그리고 또 누구라더라? 아, 그 뭐 여자 명창 있잖소? 채, 뭐라더라? 아, 채선!"

사람들의 웅성대는 목소리 사이에서 채선의 이름이 나오자 신재효는 가슴이 더욱 뛰었다.

"선생님, 저 앞으로 가시지요."

김세종이 옷깃을 잡아끌며 무대 앞쪽을 가리켰다. 정면에는 관헌의 옷을 입은 사람들이 줄줄이 앉아 있는 모습이 보였다. 남원 부사와 주변 고을의 벼슬아치들인 모양이었다. 하긴 가면 끝자리는 하나 줄지 모른다는 생각도 들었다. 하지만 신재효는 옷깃을 뿌리쳤다.

"여기가 좋네. 내가 가까이 가면 채선이 어찌 제대로 소리를 하겠는가?"

그리고 기다렸다.

이날치의 소리가 끝나고 또 다른 소리 광대가 나와 〈적벽가〉를 불렀다. 제갈공명이 동남풍이 불어올 것을 예견하고 적벽대전을 치르는 장면이었다. 마침내 전투에서 유비가 이기는 대목에 이르자 사람들이 박수를 치고 몸을 들썩거렸다.

이윽고 채선이 나왔다.

다른 명창들이 나올 때와는 달리 사람들이 수군거렸다.

"여자 소리 광대가 있다더니 사실인 모양이오?"

"기생보다 곱다고 합디다. 소리는 잘하는 줄 모르겠소."

신재효는 자신이 무대에 올라서기라도 하는 것처럼 공연히 긴장이 되었다.

신재효는 사람들 틈을 비집고 조금 더 앞으로 나섰다. 채선은 붉은색 저고리와 복사꽃을 수놓은 치마를 입고 있었다. 그사이에 어찌 저렇게 곱게 자랐을까? 신재효는 자신도 모르게 고개를 끄덕였다.

이윽고 청중을 향해 채선이 인사를 올리고, 고수의 북소리가 터져 나왔다.

〈춘향가〉였다. 어사또가 되었으나 거지 차림으로 변장한 이몽룡이 춘향의 어머니를 찾아와 문을 두드리는 내용이었다.

　이리 오너라! 이리 오너라! 아무도 없느냐?
　이에 츈향 모 깜짝 놀라, "향단아! 오뉴월 장마에 토담 무너지는 소리가 나는구나! 어서 나가 보아라!"
　향단이 총총 나가더니, "이것 보시오! 거 누구를 찾으시오?"
　이에 어사또가, "너희 마나님 잠깐 나오시라고 여쭈어라!"
　향단이 달려가, "마나님, 어떤 거지가 찾아와 잠깐 나오시래요!"
　"내가 이렇게 바쁜데 어찌 손님을 맞겠느냐? 네가 나가서 마나님은 안계신다고 따돌려 보내거라!"
　하여 돌아나와 향단이 어사또에게 이르는데,
　"우리 마나님이 안계신다고 이르고 따돌려 보내래요!" 하자,
　어사또가, "따돌리라는 이야기까지 다 들었다고 어서 나와 보시라고 일러라!"
　"마님, 따돌리라는 말까지 들었다고 따돌리지 말고 나오시래요!"

　여기저기서 사람들의 웃음소리가 들렸다. 고수의 북소리와 함께 어깨를 들썩이는 사람도 있었다.
　그때 신재효는 느꼈다. 채선의 소리가 어느 한곳 막힘없이 자연스럽게 흐르는 것을. 그리고 또렷한 발음, 부채 끝에서 나오는 흥겨운 동작 또한 나무랄 데가 없었다. 그동안의 걱정과 추위가 한꺼번에 달아나는

것 같았다.

'그래! 되었구나. 훌륭하다. 이만하면 어딜 가서든 명창이란 소리를 들을 게야!'

그런데 그때 신재효는 소리를 하던 채선과 눈을 마주치고 말았다. 치솟던 소리가 순간 꺾였고, 쇳소리가 났다. 실수한 거였다.

'나 때문에?'

신재효는 가슴이 덜컥 내려앉았다. 안되겠다 싶은 생각이 들었다.

"김 명창, 이제 가십시다!"

"네? 그게 무슨 말씀이십니까? 채선의 소리가 아직 끝나지 않았습니다."

"알고 있소. 하지만 내가 방해가 되는 것 같소. 채선의 소리를 조금이라도 들었으니, 이제 돌아갑시다."

신재효는 사람들 틈을 비집고 서둘러 나왔다.

"선생님, 그러시면 기다렸다가 채선을 만나고 가시지요."

"아니오. 괜찮소. 이제 그 아이가 남들도 인정하는 명창이 된 것을 확인했으니, 다 된 것이에요."

"하지만 그래도……."

"더구나 궁궐 사람이 되었으니, 어찌 쉽게 만나겠소? 또한 내가 그 아이의 스승이오, 하고 말하는 것 같아 썩 내키질 않소."

"……."

"언젠가 여유가 되면 동리정사에 한번 들를 테니, 기다려 봅시다."

그것은 진심이었다. 아무리 명창이라도 오랜만에 스승의 얼굴을 보았는데, 어찌 아무렇지도 않게 소리를 할 수 있단 말인가? 또한 얼굴을 본다고 하여도 채선이 마음 편하겠는가? 그런 생각들 때문에 신재효는 그냥 돌아서는 게 맞다고 생각했다.

신재효는 뒤도 돌아보지 않고 부지런히 걸었다.

이상하게 돌아가는 길은 더 힘들기만 했다. 어쩌면 올 때는 기대감에 차 있어서 견디기가 수월했는지도 몰랐다. 하지만 돌아가는 발걸음은 한없이 무거웠다. 게다가 기침이 더 심해져서 가슴이 끊어질 듯 아팠다. 그 때문에 신재효는 자주 걸음을 멈추고 쉬어야 했다.

김세종이 옆에서 부축해 주지 않았더라면 당장이라도 주저앉았을 거였다.

"나 때문에 김 명창이 고생이 많소."

"무슨 말씀이십니까, 선생님."

주고받는 말마저 쓸쓸하게 들렸다. 신재효는 발걸음을 서둘렀다. 이러다 정말 쓰러지기라도 하는 날에는 낭패가 아닐 수 없었다.

"게 서시오!"

엊그제 철퍼덕 주저앉았던 그 언덕 꼭대기에 이르렀을 때였다. 말굽 소리가 들리는 듯했는데, 이어 사람 목소리가 들렸다. 돌아보니 언덕 아래에서 말 한 마리가 달려오고 있었다.

"멈추시오!"

한 번 더 목소리가 크게 울렸다.
눈이 많이 쌓인 길인데도 말은 갈기를 휘날리며 어느 새 언덕 중간까지 이르러 있었다. 말의 주둥이에서 허연 입김이 뿜어져 나왔다.
그런데 이상했다. 앞에 앉은 사람은 회색 도포를 입은 남자인데, 그 뒤에 사람이 하나 더 있었다. 붉은 저고리를 입은 여자였다. 문득 신재효는 가슴이 뛰었다.

"혹시 동리정사에서 오신 동리 선생이 맞소?"

가까이 다가온 남자가 물었다. 나이는 젊어 보였으나 말에 얹은 장식과 옷차림새를 보아하니 벼슬아치가 분명했다.

"그렇소만, 어쩐……."

신재효는 거기서 말을 멈추었다. 남자의 뒤에서 누군가 얼굴을 내밀었는데, 채선이었다.

"스승님! 어찌 소녀도 만나지 않고 그냥 가셨습니까?"

앞에 앉은 남자의 부축을 받아 말에서 내린 채선이 성큼 다가오며 말했다.

"채, 채선아! 네가 어찌……."

"두 분 스승님! 절부터 받으십시오."

그러더니 채선은 장옷을 옆에 던져 놓고 눈밭에 엎드렸다.

"아, 아니다. 이 눈밭에서 무슨 절이란 말이냐?"

신재효가 말렸지만 소용이 없었다. 채선은 그새 눈밭에 머리를 조아려 큰절을 올렸다. 얼결에 신재효와 김세종도 맞절로 받았다.

"소리 잘 들었다. 이만큼 훌륭하게 컸으니, 이제는 죽어도 여한이 없구나."

"무슨 말씀이시옵니까? 저는 아직도 배울 게 많습니다."

"아니다! 이제는 더 가르칠 것이 없다. 안 그렇소, 김 명창?"

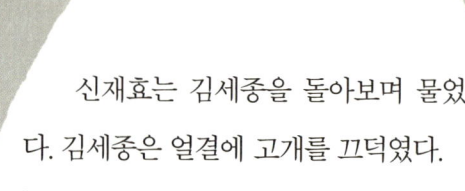

　　　　신재효는 김세종을 돌아보며 물었
다. 김세종은 얼결에 고개를 끄덕였다.
　"스승님!"
　"됐다. 어디서 소리를 하더라도 초심을 잃지 말거
라. 얼굴도 보았으니, 어서 가 보거라!"
　"가다니요? 무슨 말씀이십니까?"
　"너는 궁궐에 매인 몸이 아니더냐?"
　"그래도 어찌 스승님을 이 눈밭에 두고 간단 말씀이십니까?"
　"됐대도 그러는구나. 혹여 먼 훗날 네가 궁궐을 나올 수 있게 되거든,
그때 한번 들르거라. 내가 그때까지 살아 있다면 말이다! 허허허!"
　"스승님!"

"김 명창, 어서 가십시다."

신재효는 몸을 돌렸다. 그게 맞는 일이라 생각했다. 한나절이라도 마주 앉아 그간의 이야기를 들어 보고 싶은 마음이 없지 않았지만, 오히려 아쉬움만 더 클 것 같았다. 신재효는 무거운 발걸음을 떼어 놓았다.

그런데 몇 보쯤이나 걸었을까? 이십 보? 삼십 보? 문득 소리가 들려왔다. 그 소리 때문에 숲길 양쪽의 나뭇가지 위에 쌓였던 눈덩이가 후드득 떨어져 내렸다.

> 스물네 번 바람 불어 만화방창 봄이 드니
> 구경 가세 구경 가세 도리화 구경 가세
> 꽃 가운데 꽃이 피니 그 꽃이 무슨 꽃인가
> 웃음 웃고 말을 하니 수렴궁의 해어화인가
> 아리땁고 고울시고 나와 드니 빈방 안에
> 햇빛 가고 밤이 온다 일점 잔등 밝았는데

〈도리화가〉였다.

신재효는 발걸음을 멈추고 노래를 들었다.

'그래! 내가 〈도리화가〉를 부를 때는 목소리의 색깔만큼은 아주 가늘고도 미약하나 분명하게 내는 소리(세성)와 원만하게 내는 목소리(둥근목)을 잘 사용해야 한다고 했지. 그대로 하고 있구나. 기특하구나!'

뒤를 돌아보지는 않았다. 그저 듣기만 했다. 눈앞에 눈꽃이 만발했다. 문득 동리정사의 복사꽃과 자두 꽃이 떠올랐다.

그리고 채선이 처음 동리정사에 왔던 바로 그날도 떠올랐다. 눈을 맞으며 사랑채 앞에서 기다리던 모습. 그때 신재효는 깨달았다.

'아, 네가 꽃이었구나! 눈꽃으로 찾아와 자두나무 꽃을 피우더니…….

고맙구나, 채선아! 네 꿈을 이루었고, 나 또한 너로 인해 뜻을 이루었으니 이보다 기쁜 일이 어디에 있겠느냐? 어디서든 네 소리를 마음껏 펼쳐 보아라!'

눈물이 솟아오를 듯했다. 하지만 신재효는 어금니를 물며 꾹 참았다. 바닥에 얼어붙은 발걸음을 떼었다. 마지못해 김세종이 바짝 붙으며 따라왔다.

채선의 노랫가락은 숲속 깊숙이까지 쫓아왔다. 그러더니 빼곡한 나무의 잔가지를 흔들어 눈가루를 흩뿌렸다. 그 모습이 마치 봄마다 동리정사에 피어나던 자두 꽃을 떠올리게 했다. 신재효는 동리정사를 걷듯 그 눈꽃을 헤치며 걸었다. 한결 발걸음이 가벼워졌다.

빨리 걷지는 않았다. 신재효는 채선의 소리를 한 구절씩 곱씹고 또 곱씹으며 천천히 걸었다. 채선의 소리는 그칠 듯 그치지 않고, 오래도록 신재효를 따라왔다. 눈앞에 눈부신 흰 꽃이 흩날리고 있었다.

깊이 보는 역사

판소리 이야기

"동리정사는 신분의 차별이나 편견이 없는 곳이라 들었습니다. 그런데 어찌하여 소리 한번 해 볼 기회조차 주지 않고 내치시려는 건지요?"
이번에도 다부진 말투였다.
"방금 네가 답을 냈지 않느냐? 조선에는 여자 소리 광대가 없느니라!"
"하오면 제가 처음으로 여자 소리 광대가 되겠습니다."

판소리의 새 길을 열다
신재효와 진채선

진채선은 우리나라 최초의 여성 소리꾼이에요. 그녀가 이렇게 소리꾼으로 인정받을 수 있었던 데에는 스승 신재효의 공이 컸어요. 그들이 살았던 조선 후기 사회에서 판소리는 남자가 불러야 한다고 여겨졌어요.

신재효는 이런 고정관념에 맞서 진채선을 소리꾼으로 키우면서 여자들도 얼마든지 소리꾼이 될 수 있고, 판소리를 잘할 수 있다는 것을 보여 주었어요. 물론 처음에는 무척 어려웠어요. 진채선이 아무리 뛰어난 실력을 가졌어도 여자가 판소리를 하는 것을 이상하게 여긴 편견 때문이었지요.

하지만 신재효와 진채선은 그런 편견에 기죽지 않고 소리꾼으로 인정받기 위해 함께 노력했어요. 두 사람의 노력 덕분에 신분의 제약 없이, 남자와 여자라는 구별 없이 누구나 판소리를 할 수 있게 되었고, 판소리를 통해 더 나은 세상을 꿈꾸며 노래할 수 있는 길이 열렸답니다.

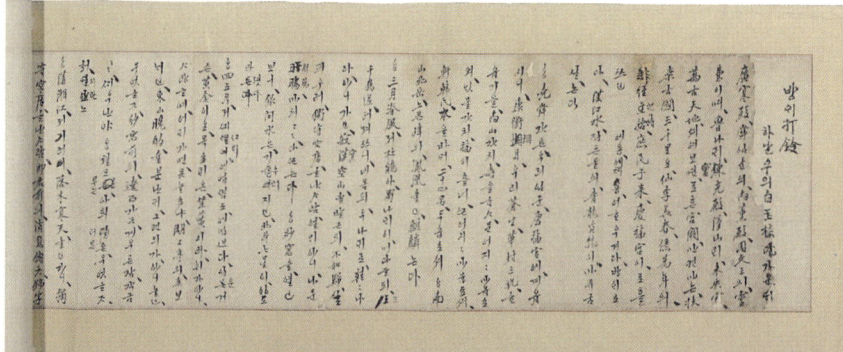

▲ 신재효가 직접 써서 진채선에게 부르게 했다는 〈방아타령〉이에요.

조선 시대 판소리의 발달

 판소리는 오랜 옛날부터 우리나라에 전해 내려온 전통 음악이에요. 서남 지방에서 무당이 굿판에서 읊조리는 소리를 시작으로 발달했다고 해요.
 판소리는 서민들의 생생한 삶의 모습들을 그대로 담고 있기 때문에 그들의 애환과 한이 담겨 있어요. 더불어 그들이 바라는 새로운 사회와 시대에 대한 희망이 표현되어 있기도 하지요. 그렇기 때문에 판소리는 서민들로부터 많은 사랑을 받으며 발달해 올 수 있었어요.
 이후, 조선 후기 농업과 상업이 발달하여 서민들에게 경제적 여유가 생기면서 판소리를 즐기는 사람들이 많아졌어요. 또한 오랫동안 전해져 오던 〈춘향가〉나 〈적벽가〉, 〈박타령〉 등이 불리면서 부잣집이나 양반들의 잔치에 판소리 공연이 열리는 기회도 생겨났지요. 그래서 서민뿐 아니라 양반들에게도 사랑을 받게 되었어요. 심지어 진채선처럼 임금님 앞에 나가 공연을 하는 소리꾼도 생겼을 정도로, 판소리의 인기는 대단했어요.

▲ 명창 모흥갑이 그린 〈판소리도〉로, 평양 능라도에서 판소리를 하고 있는 모습이에요.

판소리의 구성 요소

'판소리'라는 말은 '여러 사람이 모인 장소'라는 뜻의 '판'과 '노래'를 뜻하는 '소리'가 합쳐진 말이에요. 판소리는 소리꾼과 고수 그리고 청중들이 한데 모여 완성되는 종합 예술이랍니다.

고수는 소리꾼 왼쪽에 앉아 북으로 장단을 맞추기도 하고, 중간중간에 '얼씨구!', '좋다!' 같은 추임새를 넣으면서 소리판의 흥을 돋우는 사람이에요. 얼핏 보면 소리꾼이 판소리에서 가장 중요한 것 같지만 사실 고수의 역할은 대단히 중요해요. 고수는 마치 지휘자처럼 소리판의 흐름을 좌우하는 중요한 역할을 하기 때문이에요.

소리꾼은 무대에 서서 '아니리'와 '창'과 '발림'으로 청중들을 울고 웃게 만들어요. **아니리**는 노래가 나오기 전에 말로 설명을 하기도 하고, 노래가 끝난 뒤 다음 이야기를 말로 엮어 나가기도 하는 부분을 말해요. 그리고 우리가 흔히 부르는 노래가 **창**이지요. **발림**은 아니리나 창을 하는 동안에 소리꾼이 보여 주는 갖가지 몸짓을 말해요. 한 손에 부채를 들고, 앉고 서고 움직이며 때로는 춤을 추면서 판소리에 흥을 더하지요. 또한 우는 흉내를 낸다든지 주저앉아서 손바닥으로 땅을 친다든지 하면서 여러 가지 감정을 몸짓으로 표현한답니다.

청중은 판소리를 함께 듣고 참여하는 사람들이에요. 보통 음악회 등에서의 정중들은 조용히 감상만 하는 경우가 많지만 판소리에서는 청중들도 함께 참여해요. 소리꾼이 소리를 할 때마다 '잘한다!', '얼씨구!', '그렇지!'와 같은 추임새를 넣으면서 자신의 느낌을 표현하지요. 이런 청중들이 있어야 비로소 모두가 어우러지는 판소리의 장이 된답니다.

세계 문화유산으로 선정된 종합 예술 '판소리'

화려한 무대나 악기 반주 없이도 판소리 소리꾼은 짧게는 한두 시간에서 10시간 넘게 창과 아니리, 발림 등을 표현하면서 청중들과 하나 되어 공연을 펼친답니다. 유네스코에서는 판소리의 이런 독특한 개성과 뛰어난 예술성을 높이 사서 2003년 '인류 구전 및 무형 유산 걸작'으로 선정하여 판소리를 세계 문화유산으로 지정했어요.

판소리의 아버지 동리 신재효

신재효는 자신의 호를 딴 동리정사를 만들어 판소리를 하려는 소리꾼들이 마음껏 공부하고 능력을 키워 나갈 수 있도록 도와주었어요. 사실 판소리를 하는 소리꾼들은 불안정한 생활로 제대로 소리를 할 수 없는 경우가 많았어요. 하지만 동리정사에 있는 동안 소리꾼들은 끼니 걱정 없이 판소리를 익힐 수 있었고, 글자도 배워 수준을 향상시킬 수 있었지요. 이런 노력 덕분에 훌륭한 소리꾼들이 많이 나올 수 있었답니다.

또한 신재효는 입에서 입으로 전해 오던 판소리 가사들을 〈심청가〉, 〈박타령〉, 〈춘향가〉, 〈토별가〉, 〈적벽가〉, 〈변강쇠가〉의 여섯 마당으로 새롭게 정리했어요. 아름다운 우리말이 판소리와 잘 어우러질 수 있게 가사를 정리한 덕분에 판소리를 완성도 높은 예술로 만들 수 있었어요.

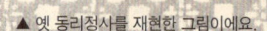
▲ 옛 동리정사를 재현한 그림이에요.

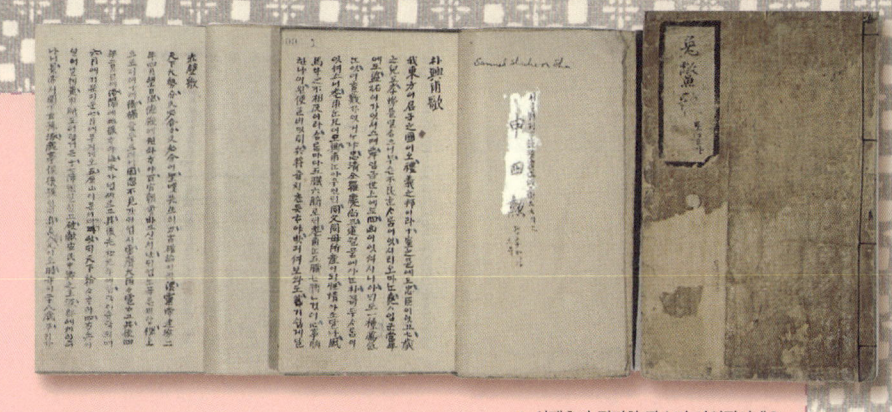

▲ 신재효가 정리한 판소리 사설집이에요.

우리나라 최초의 여성 소리꾼 진채선

　진채선은 판소리 역사에서 새 길을 연 인물이에요. 진채선이 여성 명창으로 이름을 날리면서 판소리의 역사가 달라졌어요. 진채선 이후 수많은 여성 소리꾼들이 판소리의 주역으로 떠올랐고, 남성과는 또 다른 아름다운 소리가 탄생할 수 있게 되었지요.

　사실 진채선이 처음 판소리를 할 당시에는 남장을 하고 무대에 올라야만 했어요. 여성이 판소리를 한다는 것을 이상하게 생각했기 때문이에요. 그래서 이야기에 나온 것처럼 진채선이 단지 여자 소리꾼이라는 이유로 손가락질을 하며 스승 신재효까지 욕하는 사람들도 있었답니다. 진채선은 이런 어려움을 이겨 내고 여자도 얼마든지 판소리를 잘할 수 있다는 것을 보여 주었어요. 덕분에 지금은 판소리하면 남성보다 여성 소리꾼을 먼저 떠올리게 될 정도가 되었답니다.

함께 이루는 아름다운 순간

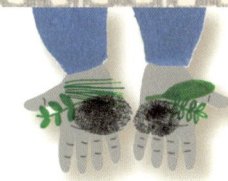

신재효

1812년
전북 고창에서 태어남.

1841년
관아에서 주최하는 행사에서 음악과 춤을 담당할 사람을 선발하는 일을 맡음.

1810년　　1820년　　1830년　　1840년

1842년
전북 고창에서 태어남.

진채선

1870년
〈도리화가〉를 지음.

1873년
판소리 사설을 정리하기 시작함.

1867년
경복궁 재건을 축하하는 잔치에 진채선을 보냄.

1876년
나라에 큰 흉년이 들어 자신의 곡식 창고를 열어 백성들에게 곡식을 나누어 줌.

1850년
동리정사를 지어 운영함.

1869년
진채선의 활약으로 오위장이라는 관직을 받음.

1877년
통정대부 절충장군이라는 벼슬을 받음.

1884년
세상을 떠남.

1850년   1860년   1870년   1880년

1859년
동리정사에서 소리를 배우기 시작함.

1867년
경복궁 재건을 축하하는 잔치에 나가 소리를 함.

1883?년
신재효가 병이 들어 간호함.

1884년
신재효의 임종을 지킴.
이후 자취를 감춤.

작가의 말

『귀명창과 사라진 소리꾼』을 쓰면서 요즘 텔레비전에 자주 등장하는 아이돌 가수들을 떠올렸습니다.

저마다 화려한 옷을 입고 멋진 춤과 노래로 팬들을 사로잡는 예쁘고 잘생긴 그 가수들 말이에요.

그들을 보면서 노래 한 곡, 춤 한 동작을 완성하기까지 저 아이들은 정말로 많은 땀을 흘렸겠구나, 하는 생각이 들었던 거예요.

어쩌면 잠도 못 자고, 밥도 못 먹었을 것이며 제대로 쉬지도 못했겠지요. 그랬기 때문에 저렇게 텔레비전에도 나올 수 있었을 거예요.

이를테면 진채선은 조선 후기의 아이돌 가수였을 거예요. 수많은 사람들 앞에서, 그것도 여자의 몸으로 판소리를 했던 최고의 인기 가수였겠지요.

하지만 무대에 서기까지의 노력은 그야말로 이루 말할 수 없을 정도로 힘들고 고통스러웠지요. 목구멍이 찢어지고, 피를 뱉고 정신까지 놓아야 했으니 말이에요. 그런 뒤에야 겨우 목소리가 만들어졌어요.

『귀명창과 사라진 소리꾼』을 쓰려고 마음먹은 건, 그 이야기를 차근차근 들려주고 싶어서예요. 겉으로 보기에는 화려하고 쉬울 것 같은 노래 한 자락도 사실은 무수한 노력 끝에 탄생한다는 것을요. 그런 제자를 키워 낸 스승 신재효도 놀랍지만, 사실 그가 진채선의 스승이 되기로 한 것은 진채선의 노력이 기특해서가 아니었을까요?

우리는 종종 무엇이 되고 싶다고 말하거나, 꿈을 이루겠다고 이야기하지요. 그러나 꿈은 시간이 지나면 자연스럽게 이루어지는 것이 아니에요. 누구나 꿈은 꾸지만, 누구나 진채선처럼 꿈을 이루지는 못해요.

꿈만 꾸는 사람과 꿈을 이루기 위해 끊임없이 노력하는 사람, 여러분은 어느 쪽인가요?

믿고 글을 맡아 주신 토토북 출판사와 허름한 원고 끝까지 다듬어 주신 박설아 님께 감사드립니다.

— 한정영

참고한 책

- 『판소리와 신재효 연구』, 서종문, 제이앤씨, 2008
- 『명창의 증언과 자료를 통해 본 판소리 참모습』, 노재명, 나라음악큰 잔치추진위원회, 2006
- 『쉽게 풀어 쓴 판소리 열두 바탕』, 정병헌, 민속원, 2011
- 『명창을 알면 판소리가 보인다』, 국립민속국악원, 2000

논문

- 이훈상, 〈19세기 후반 신재효와 여성제자들, 그리고 판소리 演行의 역할〉,《역사학보》218집, 2013
- 최혜진, 〈진채선의 등장과 판소리사의 변모〉,《판소리연구》10호, 1999
- 성기련, 〈고창과 여성명창〉,《판소리연구》20호, 2005

*이 책에 실린 사진은 소장하고 있는 곳과 저작권자의 허락을 받아 게재했습니다. 저작권자를 찾지 못하여 게재 허락을 받지 못한 사진에 대해서는 확인되는 대로 허락을 받도록 하겠습니다.

토토 역사 속의 만남
귀명창과 사라진 소리꾼

초판 1쇄 2015년 8월 18일
초판 3쇄 2021년 6월 2일
글 한정영 | **그림** 이희은
기획·편집 박설아
마케팅 강백산, 강지연
디자인 나무디자인 정계수

펴낸이 이재일 | **펴낸곳** 토토북
주소 04034 서울시 마포구 양화로11길 18, 3층(서교동, 원오빌딩)
전화 02-332-6255 | **팩스** 02-332-6286
홈페이지 www.totobook.com | **전자우편** totobooks@hanmail.net
출판등록 2002년 5월 30일 제10-2394호
ISBN 978-89-6496-276-3 74810
　　　978-89-6496-266-4 (세트)

ⓒ 한정영, 이희은 2015

이 책은 저작권법에 의해 보호를 받는 저작물이므로 무단 전재 및 무단 복제를 금합니다.
잘못된 책은 바꾸어 드립니다.

제품명: 귀명창과 사라진 소리꾼 | **제조자명:** 토토북 | **제조국명:** 대한민국 | **전화:** 02-332-6255
주소: 서울시 마포구 양화로11길 18, 3층(서교동, 원오빌딩) | **제조일:** 2021년 6월 2일 | **사용연령:** 8세 이상
* KC 인증 유형: 공급자 적합성 확인
* KC마크는 이 제품이 공통안전기준에 적합하였음을 의미합니다.
⚠ **주의**　책의 모서리에 다치지 않게 주의하세요.